KB148920

존 로크의

**인간 오성론**

읽기

# 존 로크의 인간 오성론 읽기

안병웅 지음

## JOHN LOCKE

An Essay concerning
Human Understanding

울력

존 로크의 인간 오성론 읽기

지은이 | 안병웅
펴낸이 | 강동호
펴낸곳 | 도서출판 울력
1판 1쇄 | 2016년 8월 25일
1판 2쇄 | 2019년 11월 11일
등록번호 | 제25100-2002-000004호(2002. 12. 03)
주소 | 서울시 구로구 경인로35길 129 (고척동)
전화 | 02-2614-4054
팩스 | 02-2614-4055
E-mail | ulyuck@hanmail.net
가격 | 13,000원

ISBN | 979-11-85136-31-8 43160

이 도서의 국립중앙도서관 출판예정도서목록(CIP)은 서지정보유통지원시스템 홈페이지(http://seoji.nl.go.kr)와 국가자료공동목록시스템(http://www.nl.go.kr/kolisnet)에서 이용하실 수 있습니다.(CIP제어번호: CIP2016019162)

# 차례

## 일러두기

1. 참고한 책은 Peter H. Nidditch가 편집한 John Locke의 *An Essay concerning Human Understanding*(Oxford University Press, 1975)을 기본으로 하고, 해설서인 『로크』(마이클 에이어스 지음, 강유원 옮김, 궁리, 2003)와 『로크』(우도 틸 지음, 이남석 옮김, 한길사, 1998)를 참고했다.

2. 총 4권으로 구성되어 있는 원저의 틀을 그대로 유지해 사용했으며, 원저의 방대한 내용을 이해하기 쉽도록 주요한 몇 개의 장을 선별하고 각 장마다 제목을 달아 정리했다. 번역은 가급적 원문에 충실하려 했으며, 독자들의 이해를 돕기 위해 일부 원문은 의역하거나 삭제하기도 했다.

3. 책의 이해를 돕기 위해 앞부분에 기본 개념과 기본 명제를 정리해 놓았으며, "인간 오성론 읽기"에서는 원문과 지은이의 설명을 구분했다.

# 들어가는 말

우리는 신(神)이 존재한다는 사실을 알 수 있는가? 알 수 있다면 어떻게 알 수 있는가? 신이 존재하지 않는다면 그 또한 어떻게 알 수 있는가? 우리는 살아가면서 많은 의문점을 가지고 살아간다. 우리의 의문점은 비단 신의 존재 여부에만 국한되지는 않는다. 기차를 타고 차창 너머를 바라보면 시골의 모습은 거꾸로 달려간다. 정작 움직이고 있는 것은 내가 타고 있는 기차인데 어째서 우리는 기차가 움직인다는 사실을 잊은 채 시골 마을이 움직인다고 느끼는 것일까? 과연 우리는 우리의 인식 능력을 믿을 수 있는 것인가? 이러한 의문은 여러 곳에서 생겨난다. 우리는 목욕탕 물속에서 우리 몸이 평상시보다 뚱뚱해 보인다는 것을 알고 있다. 물속에만 들어가면 왜 우리 몸이 뚱뚱하게 바뀌는 것일까? 우리는 왜 그러한 착각을 하게 되는가?

이 같은 의문들은 지식의 내용에 대한 문제가 아니라 지식의 방법에 대한 문제이다. 다시 말해서 무엇을 알 수 있는가의 물음이 아니라 어떻게 알 수 있는가의 물음이다. 이러한 물음들에 해답을 제공하려고 했던 철학자가 있다. 바로 그가 존 로크다. 그는 『인간 오성론(*An Essay concerning Human Understanding*)』이라는 책을 통해 인간의 지성(知性)에 대한 인식론적 탐구를 시작했다. '인간의 지식은 어떻게 생겨나는가?' '인간이 깨달을 수 있는 지식의 범위는 어디까지인가?' '인간의 지식은 진정 확실한 것인가?'에 대한 탐구가 이 책의 주제이다.

로크는 『인간 오성론』에서 인간의 오성(悟性, 지성이나 사고의 능력)을 꼼꼼히 살펴본다. 로크의 『인간 오성론』에는 인간의 오성에 대한 여러 가지 내용들이 자세히 소개되고 있다. 『인간 오성론』은 모두 4권으로 되어 있는데, 1권 '생득관념에 대하여'에서는 인식의 기원을, 2권 '관념에 대하여'에서는 인식의 재료를, 3권 '언어에 대하여'에서는 언어의 기능을, 4권 '지식과 의견에 대하여'에서는 지식의 확실성에 대한 로크의 주장들이 나타나고 있다.

로크는 『인간 오성론』을 세상에 내놓고서 두 가지 별명을 얻는다. 하나는 인식론의 아버지이며, 다른 하나는 경험론의 창시자이다. 로크를 통해서 이제 철학의 문제는 존재의 문제가 아니라 인식의 문제로 바뀐다. 로크로부터 앎에 대한 문제가 본격적으로 제기되기 시작한 것이다. 한편 로크는 인간의 마음은 태어날 때부터 백지로 태어난다고 선언한다. 즉, 태어날 때는 관념이란 것을 갖고 있지 않았는데 경험을 통해서 하나씩 인식을 하게 된다는 것이다. 이러한 로크의 생각은 경험론이라는 새로운 철학 이론의 출발점이 되었다. 로크의 『인간 오성론』은 인간 인식의 근원을 살피도록 도와주며 경험론 이론의 뼈대를 제공해 준다.

『인간 오성론』을 읽으면서, 우리는 언어의 부적절한 사용과 오류를 경계하게 될 것이며, 독단과 아집과 편견에서 벗어나 합리적인 토론과 상대방에 대한 존경, 그리고 공통 감각이라는 경험의 중요성을 깨닫게 될 것이다. 이러한 깨달음은 논쟁과 토론 속에서 자신의 세계를 설계하고 준비하며 미래의 삶을 살아가야 할 청소년들에게 중요한 시사점을 제공할 것으로 확신한다.

# 인간 오성론의
# 이해를 돕기 위한 기본 개념과 명제

# 1. 이 책을 이해하기 위한 기본 개념

로크의 『인간 오성론』은 모두 4권으로 구성되어 있는데, 1권은 생득관념에 대하여, 2권은 관념에 대하여, 3권은 언어에 대하여, 4권은 지식과 의견에 대한 논문들로 구성되어 있다. 우리는 『인간 오성론』을 읽기 전에 미리 이 책을 이해하기 위한 기본 개념들에 대해 살펴볼 필요가 있다. 이 기본 개념들을 먼저 익혀야 로크의 인식론을 쉽게 접할 수 있기 때문이다. 기본 개념들을 이해하기 편하게 편의상 각 권으로 분류하여 소개하고자 한다.

## 1권 생득관념에 대하여

**생득관념:** 생득관념은 일반 사람들이 의심 없이 받아들이는 관

념을 일컫는다. 일반적으로 우리의 영혼은 세상에 나올 때 어떤 관념을 가지고 태어난다고 알려져 있다. 세상에 나올 때 가지고 태어나는 관념이 생득관념이다. 예컨대 우리는 신(神)의 존재 여부와 상관없이 신의 관념이 있다는 것을 받아들인다. 이때 '신'이라는 관념이 생득관념이다. 철학자들은 생득관념을 본유관념으로 부르기도 한다. 이는 '본래부터 가지고 있었던 개념'이라는 본유관념의 뜻을 강조하기 위해서다.

하지만 생득관념의 뜻이 '본래부터 가지고 있었던 개념'이라는 것을 포함하고 있기에, 로크에게 있어서 본유관념이란 용어보다는 생득관념이라는 말이 더 적당하다. 왜냐하면 본유관념은 경험 이전의 의미를 드러내 주지 못하는데 반해, 생득관념은 태어날 때부터 이미 가지고 태어난다는 경험 이전의 의미를 잘 드러내 주기 때문이다. 로크가 『인간 오성론』의 1권에서 주장하는 바는 이러한 생득관념은 존재하지 않는다는 것이다. 경험이 모든 지식의 출발점이기 때문이다.

**사변적 원리:** 사변적 원리는 우리가 머릿속에서 어떤 생각을 할 때 만들어지는 사실적인 원리들이다. 예컨대 '삼각형은 세 내각의 합이 180도이다'라는 사실로부터 우리는 '삼각형의 외각은 이웃하지 않는 두 내각의 합과 같다'는 새로운 사실을 생각해 낼 수 있다. 이때 우리는 일련의 생각을 한 것이고, 그 경우 우리는 사변적 원리를 이용한 것이다. 사변적 원리를 가장 잘 보여 주는 논리학 용어에는 동일률과 모순율이 있다. 동일률은 'a

는 a이다'라는 기본 원리이다. 다시 말해서, 우리가 사과를 보고 '사과는 사과이다'라고 말해야 한다는 원리이다. 모순율은 'a는 a가 아닌 것이 아니다'라는 원리이다. 다시 말해서, 우리는 삼각형을 정의하면서 삼각형이 아닌 사각형이나 오각형을 삼각형으로 정의해서는 안 된다는 것이다. 즉, '삼각형은 사각형이나 오각형이 아니다'라는 원리이다. 로크는 당연하게 여겨지는 동일률과 모순율이 사변적 원리인 것은 인정하지만, 이 역시 생득 원리는 아니라고 주장한다.

**실천적 원리:** 실천적 원리는 어떤 행위가 바람직한지 그렇지 않은지의 여부를 묻는 규범적인 원리이다. 예컨대 '거짓말을 하는 것은 옳지 못하다'라든가, '약속은 지켜야만 한다'와 같은 원리를 실천적 원리라고 한다. 사람들은 대부분 '사람은 살인해서는 안 된다'와 같은 원리에 동의할 것이다. 이 원리 또한 실천적 원리이다. 이러한 실천적 원리는 모든 사람이 그 원리를 받아들인다면 그 원리를 지켜야 한다는 점에서 꼭 필요하다. 그러나 실천적 원리가 필요하다고 해서 그 원리가 반드시 생득 원리일 필요는 없다는 것이 로크의 주장이다.

## 2권 관념에 관하여

**관념:** 관념은 생각의 기본 단위에 해당한다. 로크에 의하면, 관념은 '인간이 생각할 때, 즉 오성이 무엇인가를 나타내려고 할 때 사용하는 생각 재료이다.' '라이거'라는 새로운 관념을 예로 들어 관념의 의미를 생각해 보자. 라이거는 라이온과 타이거가 교배해서 생겨난 종으로, 종족 보존을 할 수 없는 동물이다. 만약 우리가 라이거라는 관념을 전혀 갖고 있지 않을 때는 라이거에 대해 알 수 없을 것이다. 그 관념을 처음 찾아낸 학자가 있다고 할 때, 그는 라이거에 대해 "라이온과 타이거를 교배해서 생겨난 종으로, 종족 보존이 되지 않는 동물"이라고 길게 말해야 했을 것이다. 그러나 한번 '라이거'라는 관념이 생겨나면, 우리는 그러한 동물을 간단히 라이거라고 부르기만 하면 된다. 이렇게 해서 우리는 새로운 하나의 관념을 형성하기 시작하는 것이다. 즉, 관념이 있어야 우리는 생각을 시작할 수 있다. 로크에게 있어서 관념, 즉 아이디어는 인간의 인식과 별개로 사용되는 것이 아니라, 인간의 인식의 기원이 되는 것이다. 그런데 이 관념은 경험으로 만들어진다는 것이 로크 이론의 특별한 점이라고 할 수 있다.

**감각:** 우리에게는 다섯 가지의 감각기관이 있다. 눈, 귀, 코, 혀, 피부가 그것이다. 각각의 감각기관은 모두 감각을 인식한다.

눈은 시각을, 귀는 청각을, 코는 후각을, 혀는 미각을, 피부는 촉각을 인식하는 것이다. 만약 우리의 감각기관이 모두 없다면 어떻게 될까? 우리는 우리 외부 세계에 대해 아무것도 깨닫지 못할 것이다. 감각이 있어야 우리는 외부 세계를 깨닫기 시작하는 것이다. 그래서 '감각이란 인간의 감각기관에 의한 감지'라고 정의할 수 있다. 이러한 감각은 관념의 원천이 된다. 관념은 감각에서 출발해서 만들어지기 때문이다.

**반성:** 로크에게 있어서 반성은 우리가 흔히 잘못을 저질렀을 때 뉘우치는 행위로서의 반성이 아니다. 여기서의 반성은 우리 인간 내부의 마음에서 깨닫게 되는 감각 작용 모두를 지칭한다. 예를 들어 퍼즐을 맞춰 갈 때 조각들의 모양을 깨닫는 것, 곱셈 공식을 이용해서 인수분해 공식을 만들어 내는 것, 귀신이 존재하는지를 의심하거나 믿는 것, 열린 창문을 보고 촛불이 꺼진 이유를 미루어 생각하는 것, 한라산의 칼데라 호의 이름이 백록담이라는 것을 아는 것, 법관이 되기 위해 사법시험에 합격하고자 의도하는 것 등이 모두가 다 반성에 해당한다. 즉, 로크에게 있어서 반성은 지각, 사고, 의심, 믿음, 추론, 앎, 의지 등을 모두 포함한다. 이러한 반성은 관념을 이루어 내는 기원이 되며, 인간 내부의 감각이라고 불린다.

**단순 관념:** 로크에게 있어 관념은 크게 두 가지로 구분된다. 하나는 단순 관념이고 다른 하나는 복합 관념이다. 단순 관념은

일반적으로 우리의 감각기관을 자극하는 성질들에서 살펴볼 수 있다. 사물들이 우리에게 인식되려면 우리의 감각기관을 자극하는 가장 단순한 형태의 단순 관념이 있어야 우리의 인식 속으로 들어올 수 있기 때문이다. 그러나 엄밀한 의미에서, 우리의 인식 속에 먼저 들어오는 것은 단순 관념이 아니라 복합 관념이다. 사물은 일반적으로 복합 관념의 상태로 우리에게 다가오기 때문이다. 그러나 복합 관념은 당연히 단순 관념이 전제되어야 한다. 단순 관념이 전제되어야 그 단순 관념을 재료로 조합하거나 결합해서 복합 관념을 만들기 때문이다. 단순 관념이 어떤 것인지를 구체적으로 알기 위해서는 제1성질과 제2성질을 살펴보아야 한다.

**제1성질:** 제1성질은 물체가 가지고 있는 본원적인 성질이다. 물체가 어떤 상태에 있든지 간에 물체에서 전혀 분리할 수 없는 성질이다. 즉, 물체에 어떤 변화가 생겨나더라도 물체가 보존하는 성질이다. 고체성, 연장, 형태, 움직임 혹은 정지, 수 등이 물체의 제1성질을 나타낸다. 고체성이란 물체가 부피를 가지고 있다는 것이고, 연장은 물체가 공간을 점유하고 있다는 것이며, 형태는 물체의 생김새와 모양을 지칭하는 것이다. 물체가 움직일 때를 운동으로, 움직이지 않을 때를 정지라는 관념으로 나타내며, 물체의 개수를 수로 표시한다. 이와 같이 제1성질들은 물체가 가진 본원적인 성질이기 때문에 인간의 의식 작용 이전에 이미 물체에게 주어진 것이다.

**제2성질:** 제2성질은 물체의 본원적 성질이 아니라 파생적 성질이다. 제2성질은 물체가 자체적으로 지닌 것이 아니다. 그러니까 물체의 제1성질이 있고 나서 그 이후에 인간의 여러 가지 감각기관을 거쳐 새롭게 생겨난 것에 불과하다. 제2성질의 가장 대표적인 것은 색과 소리와 맛이다. 색은 빛에 따라 다르게 보일 수 있으며, 소리는 주변 환경에 따라 달리 들릴 수도 있고, 맛 또한 맛을 보는 사람에 따라 달리 표현될 수 있다. 물체의 제2성질은 우리 인간이 대상을 바라보고 크기와 형태와 움직임을 파악한 후에 생겨난다는 점에서 2차적이라고 할 수 있다.

**복합 관념:** 복합 관념은 단순 관념들이 모여서 일정한 조합을 통해 만들어진 관념을 일컫는다. 단순 관념은 마음이 감각과 반성으로부터 수동적으로 받아들인 것이다. 그래서 우리는 단순 관념을 임의로 만들 수도 없고 변형시킬 수도 없다. 그러나 마음은 단순 관념을 재료로 하여 능동적으로 다른 관념을 만들어 낼 수 있다. 즉, 마음은 단순 관념들을 조합하거나 결합하여 또 다른 종류의 관념을 만들어 낼 수 있는데, 이렇게 만들어진 관념을 복합 관념이라고 한다. 로크는 복합 관념을 양식과 실체와 관계로 분류할 수 있다고 한다.

**양식:** 양식은 스스로 존재하지 않으며 다른 관념에 의존하는 하나의 모습을 일컫는다. 즉, 단독으로 존속한다는 가정을 그 속에 포함하지 않고, 실체에의 의존물 혹은 성질이라고 생각되

는 복합 관념을 말하는 것이다. 삼각형, 감사, 살인자 등등의 말로 표현될 수 있는 관념이 양식에 해당한다. 예컨대 삼각형은 세 변으로 이루어진 도형을 말하는데, 이것은 어디까지나 하나의 모습으로만 나타나는 양식에 해당할 뿐이다. 다시 말해, 삼각형이라는 것은 삼각자, 피라미드의 옆모습 등에 존재하지만, 만질 수 있는 것이 아니라 하나의 모습으로만 존재하는 것이다. 이렇게 모습으로만 존재하는 것을 양식이라고 부른다. '감사'의 경우도 마찬가지이다. 감사는 다른 누군가에게 받은 은혜를 표현하는 것을 말하며, 살인자는 다른 사람을 죽인 사람이라는 행위 형식을 지칭한다. 삼각형, 감사, 살인자의 경우 모두 스스로 존재하는 것이 아니며 다른 관념에 의존하는 모습을 일컫는다. 이런 모습을 일컬어 양식이라 한다.

**실체:** 실체는 실제로 존재하는 것을 일컫는다. 로크는 실제로 존재하는 실체의 존재 여부를 알 수 없다고 한다. 일반 사람들은 실체를 전제할 뿐이라는 것이다. 전제된 실체는 관념을 만들어 낸다. 관념을 만들어 내는, 실제로 존재하는 것을 우리는 실체라고 부르게 된다.

실체는 예를 들면 일반적으로 물체와 정신과 신을 말한다. 이는 데카르트의 실체관에 해당한다. 그런데 물체, 정신, 신이라는 실체 관념은 매우 추상적이다. 그래서 보다 구체적인 예를 들면 '태양'을 들 수 있다. 태양은 우리가 낮에 하늘을 쳐다보면 보이는 그것이고, 태양계의 중심이 되는 그것이다. 우리는 이 '태양'이 실제로 존재한다는 것을 부인하지 않는다. 즉, 우리는 '태양'이 실체라고 생각한다.

**관계:** 관계 관념은 무엇일까? 관계 관념은 단순 관념이든 복합 관념이든 마음이 비교하여 얻는 관념을 말한다. 오성은 어떤 것을 고찰할 때 그 대상만을 고찰하는 것이 아니다. 그 대상을 어떤 다른 관념에 견주어 보기도 한다. 마음이 대상을 다른 대상과 견주어서 얻게 되는 관념이 관계 관념이다. 즉, 마음이 하나의 관념을 다른 관념과 비교해서 얻게 되는 관념을 관계라고 한다. 예를 들어 '아버지'라는 관념은 '자식'이라는 관념이 있어야 그 관계로서 '아버지'라는 관념이 성립 가능하다.

## 3권 언어에 대하여

**추상:** 낱말이 만들어진 과정에는 관념들의 추상 작용이 필수적이다. 말을 사용한다는 것은 관념들을 기호로 나타내는 것인데, 관념들 모두에 각각의 이름을 붙여야 한다면, 그 이름은 무수히 많아질 것이다. 왜냐하면 관념들은 하나의 사물에서만 보더라도 무수히 많은 특수성들로 이루어져 있기 때문이다. 특수한 관념 각각에 이름을 하나씩 붙이는 것은 이름이 너무 많아져서 언어의 본래 기능인 의사소통에 비효율적이며, 심지어 의사소

통을 불가능하게 한다. 이러한 비효율성과 불가능함을 막기 위해서 마음은 특정한 대상들로부터 받아들인 특정한 관념들을 마음속에서 다른 존재물로부터 분리해 낸다. 이렇게 분리해 내서 공통적인 것을 추출해 내고, 그에 따라 새로운 분류를 해 가는 것을 추상이라고 한다.

추상에 의해 특정한 존재자들로부터 받아들인 관념들이 유사한 종류의 존재자들의 일반적인 대표물이 된다. 이러한 대표물은 유사한 존재들에게 적용할 수 있는 이름이 된다. 오성은 존재자들을 이름에 대응시켜 보고, 대응이 되면 같은 부류로 모아서 그 이름을 부여한다. 예를 들어 마음이 어제 우유에서 받아들인 색이 오늘은 백묵이나 눈에서 관찰되면, 마음은 그 색을 의식하게 되고 그와 같은 색을 모아서 그런 종류의 색들을 대표할 하나의 색깔 이름을 만들어 낸다. 그리고 그것에 '하양'이라는 이름을 주어 그 소리에 의해서 어디서나 상상되고 혹은 마주치는 그와 동일한 성질을 지시한다. 이와 같이 해서 '하양'이라는 하나의 일반적인 관념이 형성된다. 일반화된 관념인 '하양'은 추상화되어 만들어진 관념인 것이다.

**본질:** 본질이란 어떤 사물을 바로 그것이게끔 여기도록 하는 것이다. 어떤 사물의 고유함을 본질이라는 말로 사용할 수 있다. 예컨대 '인간의 본질은 무엇인가?'라는 질문을 했을 때, 우리는 인간에게 가장 고유한 성질이 무엇인가를 떠올리려 할 것이다. 그리하여 '인간은 생각한다,' '인간은 언어를 사용한다,' '인간

은 도구를 이용한다'와 같이 인간의 고유함에 대해 생각해 낼 것이다. 이때의 '생각함'과 '언어 사용'과 '도구의 이용'이 모두 인간의 본질에 해당한다. 칠판은 백묵으로 글씨를 쓸 수 있는 판이 본질일 것이고, 백묵은 칠판에 글씨를 쓸 수 있는 하얀 색 도구가 그 본질이 될 수 있을 것이다. 본질은 철학에서 일반적으로 두 가지로 구분되는데, 하나는 실재적 본질이고, 또 다른 하나는 명목적 본질이다.

**실재적 본질:** 실재적 본질은 사물들에 공통되는 어떤 본질이 존재한다는 전제를 갖는다. 그리고 그 공통되는 어떤 본질을 실재적 본질이라고 한다. 결국 사물들은 그런 실재적 본질을 나누어 갖게 되는 것이다. 예컨대 동양인의 피부색에 대해 본질을 생각해 보자. 우리는 "동양인의 피부색은 황색이다"라고 말할 것이며, 결국 동양인의 피부색의 본질은 황색이라고 규정할 수 있을 것이다. 그런 이후에 우리는 한국인, 중국인, 일본인 등의 피부색은 모두 황색이라고 말할 수 있게 된다.

실재적 본질을 이야기하는 철학자들은 '보편적인 인간'의 모습을 먼저 정하고 나서, 그에 따라 각 개인은 '보편적인 인간의 성질'을 나누어 가진 개체들이라고 말한다. 다른 예를 들면, 대상(물체)은 생물과 무생물로 구분되며, 그 각각은 실재적 본질을 소유하고 있다. 그리고 생물은 동물과 식물로 구분될 수 있으며, 동물과 식물 역시 각각의 본질을 가지고 있다. 동물은 또다시 포유류, 양서류, 파충류 등으로 구분될 수 있으며, 그 각각의 본질을 소유하고 있다고 주장한다.

**명목적 본질:** 명목적 본질은 각각의 개별적인 사물들이 각각의 본질을 소유할 뿐이어서 다수의 본질만이 있을 뿐 하나의 본질은 이름으로만 존재한다는 견해이다. 예를 들어 '인간'에 대해 실재적 본질을 이야기하는 사람들은 '보편적인 인간'으로서 인간이 먼저 존재하고, 그에 따라 그 존재의 본질을 홍길동, 임꺽정, 성춘향이라는 개개인이 나누어 가졌다고 본다. 이에 반해 '인간'에 대해 명목적 본질을 이야기하는 사람은 홍길동, 임꺽정, 성춘향이라는 구체적인 개개인의 본질만이 존재할 뿐이고, 이에 바탕을 둔 '인간'이라는 관념은 이름만, 즉 명목적으로만 존재한다는 입장이다.

## 4권 지식과 의견에 대하여

**지식:** 우리는 관념을 통해서 지식을 갖게 된다. 우리의 지식은 관념들과 관련을 맺고 있다. 우리의 마음은 사고와 추론을 할 때 관념들을 대상으로 사용한다. 그래서 이 대상화된 관념들을 통해, 그 관념들 상호 간의 일치 여부를 살펴보게 된다. 그리하여 관념들이 서로 일치하면 '참'이라고 판단해 지식으로 받아들이고, 만약 관념들이 서로 일치하지 않으면 참이 아닌 하나의

의견으로 받아들여 거짓의 가능성을 열어 놓게 된다. 결국 관념들의 일치 여부가 지식의 참과 거짓을 판단하는 기준이 되는 것이다. 그런데 로크에 의하면 참이 어느 정도인지에 따라 지식의 등급을 매길 수 있다. 참의 정도가 가장 큰 등급의 지식은 직관적 지식이고, 참의 정도가 가장 낮은 지식은 감각적 지식이며, 그 중간이 논증적 지식이다. 이 세 가지 지식은 그것이 지식인 점에서 모두 참으로 받아들여지는 지식이다.

**직관적 지식:** 직관적 지식은 어떠한 매개 개념 없이, 논의되는 관념들만으로 지식을 만들어 낼 수 있다는 점에서 가장 선명한 지식으로 간주된다. 예컨대 "둥근 사각형은 존재하지 않는다"라고 했을 때, 우리는 직관에 의해 이 지식을 참으로 받아들인다.

**논증적 지식:** 논증적 지식은 수학적 추론이나 논리적 추론에 의한 지식을 말한다. 예를 들어 '삼각형의 내각의 합은 두 개의 직각과 같다'는 명제는 삼각형에 대한 관념과 직각에 대한 관념 그리고 두 개념을 매개로 하는 '삼각형의 내각'이라는 관념이 필요하다. 삼단논법이 언제나 매개념을 필요로 한다는 것도 같은 이치이다. 이와 같이 논증적 지식은 매개념을 바탕으로 논증을 거쳐 참을 확증해 나가는 지식이다. 직관적 지식에 비해 관념들의 일치 여부를 간접적으로 확인할 수밖에 없다는 점에서 논증적 지식은 그만큼 덜 확실한 지식이라고 할 수 있다.

**감각적 지식:** 가장 하위 등급의 지식이 감각적 지식이다. 감각적 지식은 개별적 존재자들에 대해 감각을 통해서 관념을 갖는다. 관념들의 일치 여부가 사실상 자신들의 과거 관념과 현재 관념의 일치 여부에 달려 있다. 감각적으로 보아 과거에 그러했는데 현재에도 그러할 경우, 그 감각적 지식은 받아들여질 수 있다. 감각적 지식은 대상에 대한 지식이다. 감각적 지식은 원천적으로 확실성을 결여하고 있다. 예컨대 '물이 담긴 수조 속의 젓가락은 꺾어진 것이 아니다'라는 지식은 받아들여진다. 실제로 수조 밖에서 젓가락이 꺾여 있는 것은 아니며, 물속에서만 굴절되기 때문이다. 이러한 지식은 대상에 따라 참과 거짓이 결정된다는 점에서 착각이나 오류 판단을 하기 쉽다. 감각적 지식은 직관적 지식이나 논증적 지식에 비해 확실성이 떨어지는 단계에 있다. 그러나 로크에게 있어서 감각적 지식은 그것이 지식인 한에 있어서 참일 수 있다.

## 2. 이 책을 이해하기 위한 기본 명제

로크의 『인간 오성론』에 의하면, 오성의 활동에는 세 가지 종류가 있다. 첫째, 우리의 마음에 있어서 관념이 무엇인지 아는 것이며, 둘째, 언어 기호가 어떤 의미를 갖는지를 깨닫는 것, 셋째, 지식이 관념들 간에 일치하는지 불일치하는지를 판단하는 것이다. 로크는 첫째의 내용을 『인간 오성론』의 2권 '관념'에서, 둘째의 내용을 3권 '언어'에서, 셋째 내용을 4권 '지식과 의견'에서 밝힌다. 우리는 『인간 오성론』을 읽기 전에 미리 이 책을 이해하기 위한 기본 명제들에 대해 살펴볼 필요가 있다. 이 기본 명제 속에 들어 있는 주요 개념들이 사주 접해서 익숙해진다면, 존 로크의 『인간 오성론』을 쉽게 이해할 수 있게 될 것이다.

## 1. 생득적인 사변적 원리와 생득적인 실천적 원리는 없다.

일반 사람들은 오성에는 몇몇 근원적인 개념들이 있으며, 그 개념들은 사람의 마음에 새겨져 있어, 우리의 영혼은 그 개념들을 의심 없이 받아들이고 세상에 나올 때 가지고 태어난다고 생각한다. 이러한 관념을 생득관념이라고 한다. 그런데 로크는 생득관념은 존재하지 않는다고 말한다.

사람들은 생득관념을 두 가지 원리로 구분하여 나타낼 수 있다고 한다. 하나는 생득적인 사변적 원리이고, 다른 하나는 생득적인 실천적 원리이다. 그런데 사변적 원리에서 생득관념을 사용하지 않는 다른 방법이 밝혀진다면 그 원리들은 생득적이라는 것을 증명하지 못하는 셈이 된다. 이 경우, 생득적인 사변원리는 존재할 수 없게 된다. 이는 생득적인 실천적 원리에서도 동일하게 적용된다. 로크는 사변적 원리나 실천적 원리에 대해 보편적으로 동의할 수 있다는 점에서는 인정하지만, 그 원리들이 생득적이라는 데에는 동의할 수 없다고 한다. 로크는 생득적인 사변적 원리도, 생득적인 실천적 원리도 없다고 말하는 것이다.

일반적으로 생득적인 사변적 원리들이라고 알려진 것들은 사실은 태어나면서부터 마음에 새겨진 것이 아니다. 왜냐하면 어린아이나 백치들은 생득적인 사변적 원리라고 알려진 동일률이나 모순율을 조금도 이해하지도, 생각하지도 못하기 때문이다. 이해하지도, 생각하지도 못한다는 것은 사변적 원리가 생득적인 것이 될 수 없다는 것을 단적으로 보여 준다.

실천적 원리에서도 생득관념은 존재하지 않는다. 만약 실천적 원리가 생득적이라면, 대개의 사람들은 자신이 했던 말에 따라 행위를 해야만 할 것이다. 즉, 어떤 실천적 원리에 보편적으로 동의했다면, 실천적 원리에의 동의만이 아니라 행위에 있어서도 일치해야 할 것이다. 그러나 정작 그렇지 않다. 실천적 원리에는 동의하지만 행위로까지 이어지지 못한다는 것은 실천적 원리가 생득적이지 않다는 것을 보여 주는 증거이다.

### 2. 관념은 감각과 반성이라는 경험을 통해 만들어진다.

관념이란 무엇인가? 관념은 우리가 생각할 때 오성의 대상이 되는 것을 가장 잘 표현할 수 있는 용어이다. 관념이란 우리가 마음속에 떠올리는 환상이 될 수 있고, 언어로 표현되는 개념이 될 수 있으며, 사물의 분류의 기준으로 사용되는 종(種)이 될 수 있다. 이런 것들은 우리 마음속에서 작동되는 것으로서, 이를 우리는 '관념'이라고 부른다.

여기서 사용한 관념이라는 말은 넓은 의미에서 관념에 대한 마음의 작용뿐만 아니라, 불안이나 만족 등, 마음의 작용에서 생겨나는 여러 종류의 감정도 포함한다. 이러한 관념을 만들어 내는 것은 로크에 의하면 감각과 반성 외에는 없다. 감각은 시각, 청각, 촉각 등과 같이 인간의 감각기관에 의해 획득되는 감지를 말하고, 반성은 의심, 믿음, 사고, 추리 등과 같이 인간의 지각에 의해 획득되는 내적인 감지를 말한다. 감각과 반성은 경험을 형성한다. 다시 말해, 관념은 감각과 반성이라는 경험을 통해 만들어지는 것이다.

### 3. 단순 관념을 고찰하면 제1성질과 제2성질을 구분해 낼 수 있다.

단순 관념은 어떻게 우리 마음에 들어오게 될까? 우리의 감각기관을 자극하는 성질들은 사물들 자체에 있어서는 서로 결합되고 혼합되어 있다. 그러나 그 사물들이 우리 마음속에 만들어 내는 관념들은 단순하며 혼합되지 않은 채로 감각기관을 통해 들어온다. 우리의 모든 지식의 재료인 이들 단순 관념들은 감각과 반성에 의해서만 마음에 공급된다. 우리의 오성은 이들 단순 관념들을 반복하고 비교하고 결합하는 힘을 가지며, 그리하여 새로운 복합 관념을 만들어 낸다. 하지만 감각과 반성이라는 경험에 의하지 않고는 어떠한 관념도 우리에게 들어올 수 없다. 우리가 물체를 보고 관념을 만들어 내듯이, 물체는 자신의 성질을 통해 우리가 관념을 만들어 낼 수 있게 한다. 즉, 물체가 관념을 만들어 내는 힘을 성질이라고 부른다.

성질에는 물체의 본원적인 성질이라고 부르는 제1성질과 물체의 파생적 성질이라고 볼 수 있는 제2성질이 있다. 제1성질은 물체가 어떤 상태에 있든지 간에, 물체에서 전혀 분리할 수 없는 것이고, 또 물체가 어떤 변화나 변경을 받더라도 끊임없이 보존하는 것이다. 이것을 물체의 본원적 성질 혹은 제1성질이라고 부른다. 제1성질은 우리 속에 단순 관념들, 즉 고체성, 연장, 형태, 움직임 혹은 정지 그리고 수를 산출한다. 한편, 제2성질은 대상들 자체에 있는 것은 아니고 우리 속에 여러 가지 감각을 일으키는 힘에 불과한 것이다. 색, 소리, 맛 등과 같은 성질들이 제2성질이다. 제2성질은 대상들의 제1성질에 의해, 즉 대상들의 감각할 수 없는 부분들의 크기, 형태, 구조 및 운동에 의해 생겨난다.

### 4. 복합 관념은 양식과 실체와 관계로 나타난다.

복합 관념이란 무엇인가? 복합 관념이란 마음에 의해 만들어진 단순 관념들의 일정한 조합을 일컫는다. 마음은 감각과 반성으로부터 단순 관념을 받아들인다. 이때 마음은 단순 관념을 임의로 만들 수도 없고, 변형시킬 수도 없으며, 단순 관념 이외의 다른 관념을 수용할 수도 없다. 단순 관념의 수용과 관련해 마음은 전적으로 수동적이다. 그러나 마음은 단순 관념을 재료로 하여 능동적으로 다른 관념을 만들어 낼 수 있다. 즉, 단순 관념들을 조합하거나 합성하여 또 다른 종류의 관념을 만들어 낼 수 있는데, 이를 복합 관념이라고 한다. 복합 관념을 로크는 세 가지로 분류할 수 있다고 한다. 양식과 실체와 관계가 그것이다.

양식은 스스로 존재하지 않으며 다른 관념에 의존하는 하나의 모습을 일컫는다. 즉, 단독으로 존속하지 않고 실체에의 의존물 혹은 실체의 성질이라고 생각되는 복합 관념을 말하는 것이다. 예컨대 세 변으로 이루어진 도형을 삼각형이라고 말할 때, 고마움을 표현하는 것을 감사라고 말할 때, 다른 사람을 죽인 사람을 살인자라고 지칭할 때, 우리는 양식을 사용하는 것이다.

실체는 스스로 존재하는, 저마다 다른 각각의 사물을 나타낸다. 실체의 관념은 단순 관념을 체계적으로 모아 놓은 것이다. 체계적으로 모아 놓았다는 것은 특이한 부수적인 관념을 분리해 냈다는 의미를 갖는다. 특이한 부수적인 관념을 분리해 내어 동일한 관념 체계를 형성하게 되면 실체 관념이 만들어진다. 실체 관념은 사물을 인식하는 근거로서 매우 중요한 개념이며, 일반적으로 항상 존재한다고 여겨지는 관념이다.

관계는 하나의 관념을 다른 관념과 비교하는 것을 말한다. 만일 우리가 생각의 기원을 주의 깊게 관찰한다면, 우리는 항상 비교를 하며, 비교하는 가운데 새로운 것을 찾아낸다는 것을 알게 된다. 이해하기 어려운 관념들의 경우, 새롭게 비교를 한다면 그 관념들의 관계를 쉽게 알아낼 수 있다. 관계를 통해 관념들의 반복과 결합이 가능하게 된다.

## 5. 언어는 추상으로 인해 생겨난다.

낱말은 관념에 있어서 어떤 의미를 갖는가? 낱말은 사람들에 의해 관념의 기호로 사용된다. 낱말은 개별적인 분절음들이 모여 생겨나며, 이 분절음에 관념을 임의적으로 부과해서 탄생한다. 그리하여 어떤 특정한 낱말은 어떤 특정한 관념을 나타내는 기호가 된다. 낱말이 상징하는 관념은 그 낱말의 고유하고 직접적인 의미를 보여 준다.

낱말을 사용한다는 것은 우리의 내적 관념들을 외부로 드러낸다는 의미이다. 그런데 내적 관념들은 특정한 사물들로부터 획득된 것이므로, 만일 우리가 받아들인 모든 특수한 관념에 모두 이름을 붙여야 한다면, 이름은 셀 수 없이 많아질 것이다. 그렇게 될 경우, 우리는 이름을 붙이는 이유를 상실해 버릴 것이다.

여러 가지 사물에서 공통되는 특징을 찾아내고 그러한 특징을 묶어서 일반적인 관념이 되도록 만들어야 하는 것이다. 그래야만 우리는 다른 사물들을 언제 어디서나 다르게 지칭할 수 있게 되며, 유사한 사물을 유사한 관념으로 분리해 낼 수 있다. 이와 같이 여러 가지 사물이나 관념에서 공통되는 특성이나 속성 따위를 새롭게 분리해 내는 현상을 추상이라고 부른다.

## 6. 언어의 본질을 실재적 본질과 명목적 본질로 구분할 수 있다.

본질은 무엇을 말하는 것인가? 본질이란 어떤 사물을 바로 그것이게끔 여기도록 하는 것이다. 그리하여 어떤 사물의 고유함이 존재할 때, 그 고유함을 본질이라는 말로 사용한다. 본질은 실체의 구조를 파악해 낼 때 사용하는 개념으로서 실체의 구조를 보는 관점에 따라 두 가지로 나누어 사용한다. 하나는 실재적 본질이요, 다른 하나는 명목적 본질이다.

실재적 본질은 모든 사물들에 공통의 어떠한 본질이 존재하고, 각각의 사물은 그 공통 본질을 나누어 갖는다는 견해이다. 명목적 본질은 각각의 사물들이 각각의 본질을 소유할 뿐이어서 다수의 본질만이 있을 뿐, 하나의 본질은 이름으로만 존재한다는 견해이다. 예를 들어 금덩어리가 있다고 했을 때, 명목적 본질의 입장에서 이 금덩어리는 하나의 노란색 덩어리로서 일정한 무게를 갖고 있으며, 팽창력이 있고, 왕수에 녹으며, 불에 어느 정도 견디는 구체적인 물체에 이름 붙인 것이다. 하지만 실재적 본질의 입장에서는 금은 금의 성질을 가진 실체가 이미 존재하며, 금이라는 실체의 성질을 나눠 가진 미완성된 부분들로 금을 본다.

로크에 따르면, 여러 학파들이 유(類)와 종(種)에 관해 더 많이 연구하고 논쟁함에 따라, 본질이라는 말은 그 본래적이고 실재적인 의미를 상실하게 되었다고 한다. 그리하여 본질이라는 말은 사물들의 실재적 구조에 적용되는 대신 유와 종이라는 인위적 구조, 즉 명목적 본질에 적용되고 있다. 로크는 명목적 본질이 언어의 참다운 본질이라고 주장하고 있는 것이다.

## 7. 지식은 직관적 지식, 논증적 지식, 감각적 지식으로 구분된다.

마음은 모든 사고와 추론에 있어서 관념들 이외의 어떤 다른 직접적인 대상도 갖고 있지 않다는 것을 보면, 우리의 지식이 단지 관념들에만 관련되어 있다는 것은 명백하다. 즉, 우리는 관념이 아니고서는 어떤 지식도 얻어 낼 수 없다. 지식은 관념들 간의 일치 여부에 따라 참과 거짓이 판명된다. 관념들이 서로 일치하면 지식으로 받아들일 수 있고, 그렇지 않으면 그것은 하나의 의견에 지나지 않는 것이다. 로크에 의하면, 관념들의 일치 여부를 판단하는 등급에 따라 지식을 세 가지로 나눌 수 있다. 직관적 지식과 논증적 지식과 감각적 지식이 그것이다.

만약 우리가 우리 자신의 사고방식을 곰곰이 생각해 본다면, 마음이 어떤 다른 것의 간섭을 받지 않고 두 관념들의 일치나 불일치를 직접적으로 지각한다는 것을 발견하게 된다. 이것이 직관적 지식이다. 직관적 지식은 어떠한 매개 개념 없이 논의되는 관념들만으로 지식을 만들어 낼 수 있다는 점에서 가장 선명한 지식으로 간주된다. 한편, 논증적 지식은 수학적 추론이나 논리적 추론에 의한 지식을 말한다. 논증적 지식은 매개 개념을 바탕으로 논증을 거쳐 참을 확증해 나가는 지식이다. 직관적 지식에 비해 관념들의 일치 여부를 간접적으로 확인할 수밖에 없다는 점에서 논증적 지식은 그만큼 덜 확실한 지식이라고 할 수 있다. 가장 하위 등급의 지식이 감각적 지식이다. 감각적 지식은 개별적 존재자들에 대해 감각을 통해서 관념을 갖는다. 로크에게 있어서 감각적 지식은 가장 신빙성이 떨어지는 지식이지만, 부인할 수는 없는 지식이다. 감각적 지식을 부인해 버리면, 우리는 우리의 감각을 믿지 못하는 일이 생겨나게 된다. 그렇게 되면 우리는 아무런 지식도 받아들이지 못하는 회의주의자가 되어 버릴 것이다. 그렇기 때문에 감각적 지식은 지식을 구성하는 마지막 보루와 같은 역할을 한다.

# 인간 오성론 읽기

# 독자에게 쓴 편지

여러분, 내가 틈틈이 심심풀이로 써 본 것을 편지로 보냅니다. 여러분께서 따분하실 때 조금이라도 심심풀이가 되며, 즐거움으로 읽어 주신다면, 내가 헛수고를 했다고는 생각하지 않게 될 겁니다.

사냥에서 종달새나 참새를 잡는 사람은 좀 더 값진 사냥감을 쫓는 사람보다 사냥감은 훨씬 못하더라도 사냥하는 즐거움은 그와 다를 바 없지요. 오성(悟性)에 대한 작업도 마찬가지입니다. 오성은 정신의 가장 고상한 기능입니다. 오성에 대한 탐구는 다른 어떤 기능에 대한 탐구보다 중요한 것이며, 이것은 일종의 매 사냥이나 수렵과도 같아서 탐구 그 자체가 즐거운 일입니다. 지식을 지향하여 한 걸음씩 나아간다면, 그래서 무엇인가를 발견한다면, 그 발견은 새로운 것일 뿐만 아니라 발견자에게 커다란 기쁨이 될 것입니다.

오성은 눈과 같아서 사물을 보면서 보이는 대로 판단합니다.

자기가 보는 대로 판단하기 때문에 발견한 것을 기뻐하며, 발견하지 못한 것은 알 수도 없습니다. 발견하지 못했다는 사실도 모르기에 애석해하지도 않습니다. 따라서 우리는 어떤 이론이 쉽게 주어졌다고 무턱대고 고마워할 것도 없으며, 주어진 학설을 당연히 받아들이며 나태하게 지내서도 안 될 것입니다. 또한 우리는 우리 자신의 생각을 작용시켜 진리를 발견하고 추구하게 되면 그 내용이 무엇이든 간에 사냥하는 자의 만족을 잃지 않을 것입니다. 진리를 추구하는 순간은 어느 때이든 간에 유쾌한 일이 될 것이며, 이는 커다란 보답이 될 것입니다. 결과물이 없다 하더라도 시간 낭비는 하지 않았다고 생각하겠지요.

이 책은 우연한 일이 계기가 되어 만들어졌습니다. 어느 날 거실에서 여러 친구들과 이 책의 주제와는 관련이 없는 내용에 대해 토론하고 있었습니다. 이곳저곳에서 여러 가지 복잡한 문제들이 생겨나더니, 급기야 친구들은 그만 토론을 이어가지 못하고 속수무책인 상태에 빠지고 말았습니다. 우리는 우리를 괴롭히는 문제를 해결하지 못하고 한동안 난처해했습니다. 그러던 끝에 나는 문득 우리가 길을 잘못 든 것은 아닌지 의심하기 시작했습니다. 토론을 시작하기 전에 자신들의 인지 능력을 살피고, 우리의 오성이 다루기 알맞은 대상과 다룰 수 없는 대상을 구분할 필요가 있다는 생각이 들었습니다.

그래서 친구들에게 우리의 오성에 대해 먼저 논의하자고 제안을 했습니다. 다들 즉석에서 찬동했습니다. 나는 다음 모임을 위해 이제까지 한 번도 고찰한 적이 없는 주제에 대해 갑작스

럽지만 나의 생각을 적어 나가기 시작했는데, 이것이 이 논문의 첫머리가 된 것입니다. 이렇게 해서 이 논문은 우연히 시작이 되었습니다. 그 후 때때로 논의를 하던 중에 조금씩 고치게 되고 시간이 있을 때 틈틈이 쓰곤 했습니다. 게을러서 오래 쉰 다음에 마음이 내키면 쓸 때도 있었습니다. 나중에는 건강이 좋지 않아서 집에서 혼자 내용을 가다듬게 되었습니다.

시간이 있을 때마다 틈틈이 써 나갔기 때문에, 두 가지 측면에서 결함이 생긴 것 같습니다. 즉, 어떤 부분은 지나치게 불충분하게 설명하거나 어떤 부분은 지나치게 자세히 설명한 것입니다. 하지만 이러한 결함이 반드시 잘못되었다고 생각할 필요는 없습니다. 불충분한 곳은 여러분께서 채워 주실 것이니 반가운 일이고, 자세한 곳은 시야를 넓히고 새로운 발견을 할 수 있도록 도움이 될 테니 불필요한 것이 아닙니다.

만일 내가 이 박식한 시대를 계몽하려고 한다면 아마 오만하다는 비난을 받게 될 것입니다. 딴 사람들에게 도움이 되고자 이 책을 썼다고 말한다면 욕을 먹을 일입니다. 그러나 겸손한 체하면서 자신의 책을 무익한 것이라고 말한다면 이 역시 오만한 것이라고 생각합니다. 나쁜 목적을 위해 책을 쓰는 것은 아닌가 하는 생각을 불러일으킬 수 있기 때문에 그렇습니다.

학계는 오늘날 학문을 전진시키기 위해 눈부신 계획으로 후세에 길이 칭송받을 기념비적인 결과를 남기고 있습니다. 하지만 아무나 보일(아일랜드의 자연철학자로 '보일의 법칙'으로 유명함) 이나 시드넘(17세기에 가장 유명했던 근대 의학자) 같은 인물로 평가받을 수는 없습니다. 아울러 위대한 하위헌스(17세기에 활동한 네덜란드의 물리학자)나 뉴턴 같은 거장들의 업적을 무시할 수 없습니다. 이들의 학문을 보다 발전시키기 위해 필요한 일이 있습니다. 학문의 바닥을 청소하고 지식의 길에 떨어진 티끌을 치우는 일이 그것입니다. 예를 들어 총명하고 근면한 사람들의 학문적 노력을 훼방하지 않았다면, 그래서 전문어를 부질없이 사용하지 않았다면, 지식의 길은 이 세상에서 훨씬 진전했을 것입니다.

잘못된 어법을 사용하거나 불분명한 언어를 사용함으로써 오랫동안 학문은 혼동 속에 있었습니다. 난해하고 부정확한 어휘가 깊이 있는 학식이나 고상한 사색과 혼동되고 말았습니다. 그래서 어휘를 사용하는 사람이나 듣는 사람은 그러한 어휘가 참다운 지식을 방해할 것이라는 점을 이해해야 합니다. 그리하여 내가 하는 작업은 허영과 무지의 구석진 곳을 파고드는 것이며, 이것은 인간 지성에 대해 다소나마 봉사하는 일이 될 것입니다.

# 제1권 생득관념

제1권 "생득관념에 대하여"에서 로크는 사람의 인식의 기원에 대한 기존의 이론, 이른바 생득관념을 비판하고 거부한다. 생득관념 이론에 따르면, 사변적 원리와 실천적 원리가 태어날 때부터 사람의 정신 속에 이미 있다는 것이다.

"인간에게 생득관념은 없다"라는 로크의 주장은, 이성을 지나치게 신봉하여 이성만으로 이 세상을 전부 설명할 수 있다고 본 데카르트에 대해 반기를 든 것이며, 동시에 합리적 이성의 개념을 도외시하면서 신의 실체성을 지나치게 강조한 스콜라 학파에 대한 비난이기도 하다. 인식의 기원에 있어서 '생득관념은 없다'라는 로크의 주장은 경험만이 유일한 인식의 기원이라는 전제를 바탕으로 하고 있다.

로크는 인식에 대한 새로운 주장, 즉 경험론을 처음으로 제기하면서 근대 철학에 새로운 논쟁거리를 내놓았다. 이후 영국의 경험론과 대륙의 합리론은 인식론의 양대 산맥으로 자리 잡았고 칸트에 의해 종합되어 철학적 인식론이 완성되기에 이른다.

로크는 우리가 이해할 수 없는 곳에 이르렀을 때, 즉 우리의 인식 능력을 뛰어넘는 곳에 다다랐을 때 모르면 모른다고 인정해야 한다고 말했다. 그래서 『인간 오성론』은 인간의 지식이 어떻게 생겨나며, 얼마나 확실한지 그리고 인간은 어디까지 알 수 있는지를 살펴보는 책이다.

# 1. 서론

## 인간은 오성을 가진다

사람은 동물과 어떤 점에서 다른가? '인간은 생각을 할 수 있다,' '직립보행을 한다,' '불을 사용할 줄 안다'와 같은 대답을 할 수 있을 것이다. 그중에서 인간이 생각을 한다는 점은 인간이 동물과 다르다는 것을 아주 잘 보여 준다고 할 수 있다. 인간은 생각하기 때문에 무언가를 깨달을 수 있다. 깨달을 수 있는 이유는 인간이 오성을 가지고 있기 때문이다. 오성은 깨닫는 능력을 뜻한다. 동물들은 오성이 없어서 생각하지 못한다. 그래서 동물들은 본능에 따라 행동하는 것이다. 하지만 인간은 깨닫는 힘이 있어서 본능에 따라서만 행동하지는 않는다. 그리하여 인간은 주어진 환경에 적절하게 적응하기도 하고 환경을 바꾸기도 하면서 자신의 삶을 주체적으로 살아간다. 이와 같이 인간은 생각하는 능력이 있다는 점에서 다른 동물과 구분된다.

그런데 인간은 어떻게 생각하는 능력을 갖게 된 것일까? 그리고 이 생각하는 능력은 과연 무엇인가? 즉, 우리는 오성이 어떻게 생겨났으며, 오성은 과연 무엇인지에 대해 궁금해 하기도 한다. 오성의 기원과 오성의 본질에 대해 궁금해 했던 학자가 있다. 존 로크가 그이다. 존 로크는 『인간 오성론』이라는 책에서 오성의 기원과 본질에 대해 연구하였다. 그는 인간이 고귀한 이유는 오성이 있기 때문이라고 하면서 오성을 알아가는 것이 우리의 삶에 커다란 도움이 된다고 말하고 있다. 로크의 말을 직접 인용하면 다음과 같다.

> 무릇 인간으로 하여금 다른 존재보다 우위에 서게 하고, 모든 점에서 이들 존재보다도 뛰어나게 하며 이들을 지배하게 하는 것은 오성이므로, 오성은 그 고귀한 성질 때문에라도 절대 확실하게 우리가 탐구할 만한 가치가 있는 주제이다. 이 오성은 눈과 마찬가지로, 우리에게 다른 모든 사물을 보게 하고 지각케 하지만 자기 자신은 전혀 깨닫지 못한다. 그래서 오성을 어느 정도 거리에 떨어뜨려 놓고 자기 탐구의 대상으로 하기 위해서는 기술과 수고가 필요하다. 하지만 이 탐구 과정에 가로놓인 난관이 무엇이 되었든 간에, 즉 우리를 어둠 속에 가두어 놓는 것이 무엇이 되었든 간에 우리가 자기 자신의 정신을 비추어 줄 수 있는 등불, 즉 오성에 대해서 알고자 하는 것은 매우 큰 즐거움을 가져다줄 뿐 아니라, 다른 사물을 탐색할 때 우리의 사고를 이끌어 주는 커다란 이익을 가져다줄 것이다. (1권 1장 1)

우리가 오성을 사용해서 다른 사물을 깨달을 수는 있지만, 직접 우리의 오성을 이해하는 것은 쉬운 일이 아니다. 그러나 우리가 거울을 통해 우리의 눈을 볼 수 있듯이, 우리는 오성에 대해 탐구함으로써 오성을 알아낼 수는 있다. 이러한 노력을 계속하면 우리는 우리 스스로를 이해할 수 있는 지식을 발견할 것이며, 그리하여 우리는 사물을 깨닫는 새로운 방법을 얻게 될 것이다. 즉, 우리는 인간의 인식 능력을 고찰하는 새로운 방법을 알게 되는 것이다.

## 인간의 인식 능력을 고찰하는 것이 이 책의 목적이다

인간에게 있어서 지식은 어떻게 생겨나며 얼마나 확실하고, 참다운 지식의 범위는 어느 정도까지인지를 탐구하는 것이 로크의 목적이기 때문에, 로크는 『인간 오성론』에서 마음에 대해 생물학적으로 고찰하지는 않을 작정이라고 밝힌다. 그가 고찰하고자 하는 바는 다만 마음이 어떤 작용에 의해 감각을 가지게 되는지, 감각을 통해서 어떤 관념들을 형성하게 되는지를 고찰하는 것이다. 그러므로 관념을 형성함에 있어 우리의 뇌가 어떤 영향을 끼치는지와 같은 물음은 이 책에서 논의가 이루어지지 않는다. 사물을 깨닫고자 할 때 작동하는 인간의 인식 능력을 고찰하는 것이 로크의 목적이다.

신념, 의견, 그리고 동의의 근거와 정도를 탐구하는 것과 더불어 인간의 지식의 기원과 확실성, 그리고 그 범위를 탐구하는 이것이 나의 목적이기 때문에, 여기서는 마음에 대한 생물학적인 고찰은 하지 않을 것이다. 즉, 마음의 본질은 어디에 있는가, 우리의 마음은 어떤 운동을 하며, 우리의 육체의 어떤 변화가 우리의 기관에 어떤 감각을 가지게 하는가, 우리의 오성은 육체의 변화에 따라 어떤 관념을 가지게 되는가, 그리고 그들 관념들이 형성됨에 있어서 그 전부 혹은 어떤 것이 물질에 의존하는가 안 하는가 하는 것은 조사하지 않겠다. 이것들은 아무리 호기심이 생기고 흥미 있어 보여도 내가 지금 진행하고 있는 계획에서 벗어나 있는 것으로서 내가 해야 할 일이 아니다. 나의 현재의 목적은 인간이 대상을 구별해 갈 때 어떻게 오성이 관여하는지를 고찰하는 것으로 충분할 것이다.

그리고 만약에 이러한 서술을 함에 있어서 가장 알기 쉬운 방법으로, 사물에 대한 생각을 얻게 되는 과정을 해명할 수 있고, 참다운 지식의 절대 확실한 척도나 신념의 근거를 해명할 수 있다면, 나는 나의 사고 과정이 전혀 잘못되지 않았다고 확신하게 될 것이다. (1권 1장 2)

그러므로 로크가 보기에 우리의 할 일은 사물에 대한 생각을 어떻게 얻는가를 해명하는 일이며, 참다운 지식의 확실한 기준을 찾는 일이다. 즉, 오성이 어떻게 작동하는가와 오성을 통해 참다운 지식의 기준을 찾을 수 있는가에 대한 탐구이다. 이러한 탐구를 통해 로크가 얻고자 하는 것은 무엇인가? 즉, 이러한 탐구의 목적은 어디에 있는가? 로크는 정확하게 판단하고 정확하게 추측하는 데 그 목적이 있다고 한다. 잘 모르는데 성급하게 판단해 버리거나 정확하지도 않는데 엉터리로 추측해 버리는 것이 위험하다고 생각하는 것이다.

오성을 탐구함에 있어서 우리가 어디까지 알 수 있는지를 아는 것은 유익하다. 만일 오성의 성질에 관한 탐구를 통해서 오성의 힘을 발견할 수 있다면, 우리는 토론 속에서 오성의 역할을 보다 선명하게 파악할 수 있을 것이다. 즉, 오성의 힘이 어디까지 도달하고 어떤 것들에 어느 정도로 어울리고 어디에서 우리를 무력하게 만드는가를 발견할 수 있다면, 이해할 수 없는 것을 다룰 때에는 보다 더 조심하고, 모르는 것이 있을 때 잠자코 모르는 체로 두게 될 것이다. 그러면 아마도 우리는 모든 것을 다 알려고 하는 지나친 열의에서 벗어날 수 있을 것이다. 무턱대고 의문을 제기하지도 않을 것이고, 우리의 오성이 알아낼 수 없는 사안에 대해 무조건적인 논쟁을 일삼는 일도 없을 것이다. 이렇게 하면 다른 사람들을 곤란하게 하는 일은 없을 것이다. 오성을 어디까지 확대할 수 있고 어디까지 확신할 수 있는지를 알게 된다면, 어떤 경우에 판단하고 어떤 경우에 추측할 수 있는지를 아는 것만으로도 만족할 것이다.

# 2. 생득적인 사변적 원리는 없다

## 어떠한 사변적 원리도 생득적이 아니다

2장에서 로크는 '어떤 사변적 원리도 생득적이 아니다'라고 주장한다. 사변적 원리란 생각, 즉 사고 활동을 할 때 생겨나는 원리를 말한다. 우리는 무엇을 이해하려 할 때 사변적 원리에 기초해서 생각할 수밖에 없다. 이 점에 대해서는 로크도 동의한다. 무언가를 이해하려면 원리에 따라야 하기 때문이다. 예를 들어 보자. 자동차가 자전거보다 빠르다는 것을 우리는 어떻게 이해할 수 있는가? 자전거는 사람이 밟아야 가는데 자동차는 엔진의 힘으로 간다는 사실을 알고 있으면서 동시에 엔진의 힘이 사람의 힘보다 강하다는 원리를 알고 있어야 한다.

이와 같이 원리가 있어야 이해할 수 있다는 점에서는 동의할 수 있지만, 그렇다고 해서 그 원리가 모두 생득적이라고 말할 수는 없다는 것이 로크의 주장이다. 즉, 로크가 살아 있을 당시의 일반 사람들은 신을 지나치게 믿은 나머지 신이 인간의 생각에 모두 관여해서 인간이 알고 있는 것은 모두 신이 이미 머릿속에 집어넣어 준 것이라고 주장했다. 예컨대 태양이라는 행성은 우리가 태어나기 이전에 이미 있는 것으로서, 우리는 이미 마음속에 태양이라는 관념을 가지고 태어난다는 것이다. 우리가 태양이라는 관념을 가지고 태어나기에 우리는 태양을 보고 그것이 태양이라는 것을 알 수 있다는 주장이다.

이러한 생각은 데카르트라는 철학자의 생각에 따른 것으로서, 1 + 2 = 3이라는 것을 우리가 어떻게 알 수 있는가를 그에게 물어보면, 데카르트는 최종적으로 우리 머릿속에 '한 개에 또 다른 두 개를 더하면 세 개가 된다'는 것이 이미 개념상 들어 있다고 주장할 것이다. 이러한 생각은 "모든 사변적 원리는 생득적이다"라는 주장과 일치하는 주장이다. 하지만 로크는 모든 사고 활동의 기초가 되는 이러한 사변적 원리도 생득적일 수 없다고 주장한다. '생득적'이라는 말은 태어날 때 이미 마음속에 들어 있다는 말인데, 경험해 보지도 않고 관념이 이미 마음속에 있을 수 없다는 것이다. 그러니까 모든 사변적 원리는 마음속에 미리 개념적으로 존재하기에 아는 것이 아니라, 태어나서 배웠기 때문에 안다는 것이 로크의 주장이다.

이러한 주장을 하기 위해서 그는 그 당시 살고 있던 일반 사람들에게 통용되던 일반적인 가설부터 언급한다.

오성에는 어떤 생득 원리, 어떤 타고난 개념, 생득관념이 있다

> 는 것, 말하자면 인간의 정신에 각인된 문자가 있어서, 정신은 애초에 이것을 받아서 세상에 가지고 나온다는 것은 일반 사람들 사이에 통용되는 이론이다. 그러나 만약에 내가, 사람들은 본성상 자연스런 기능을 사용하며, 타고난 관념의 도움을 전혀 빌리지 않고도 참다운 앎에 도달할 수 있으며, 본래적인 원리나 관념이 없어도 확실함에 도달할 수 있다는 것을 밝히기만 한다면, 선입견 없는 독자에게, 일반적으로 통용되는 가설이 허위라는 것을 충분히 납득시킬 수 있을 것이다. (1권 2장 1)

로크는 사변적 원리가 생득적이라는 사실을 받아들일 수 없다고 한다. 이는 사변적 원리를 받아들이지 못한다는 것이 아니라 그 원리가 생득적이라는 사실을 받아들일 수 없다는 말이다. 하지만 사람들은 이렇게 반문할지도 모르겠다. "사람들이 어떤 진리에 모두 동의하고 있다면, 그 진리는 나중에 배워서 생긴 것이 아니라 태어나기 전부터 이미 생득적으로 받아들인 것이 아니냐?"고. 하지만 이에 대해서도 로크는 그 진리가 생득적이 아니라는 확신을 갖고 있었다. 다음은 로크의 이야기이다.

> 보편적인 동의에서 이끌어 낸 이 주장은 모든 인간이 동의하는 어떤 진리가 있다는 것이 사실이더라도, 받아들이기 부담스러운 면이 있다. 만일 그들이 동의하는 것들에 있어서 그러한 동의에 이르는 다른 길이 밝혀진다면, 그 진리가 생득적이라는 것을 증명하지는 못할 것이라는 점이다. 이것이 밝혀질

수 있다고 나는 믿는다. (1권 2장 3)

이에 대한 예를 들어 보기로 하자. 신앙을 가진 사람들은 '신이 존재한다'고 믿는다. 그런데 그들에게 '신이 존재한다는 것을 어떻게 아느냐?'고 물으면, 그들은 보통 '태어날 때부터 이미 인간은 신이라는 개념을 갖고 태어나기 때문에 아는 것이다'라고 대답하곤 한다. 이러한 생각은 로크가 살던 당시의 사람들에게 일반적인 생각이었다. 즉, 신이라는 개념은 너무도 당연한 개념으로서 누구에게나 통용되는 분명한 개념이며, 그래서 그것은 타고난 개념, 생독관념이라는 것이다. 그래서 '신이 존재한다'는 것은 하나의 생득 원리로 작동한다는 것이다. 그 당시에 신이 존재한다는 것은 거부할 수 있는 원리가 아니었기 때문이다.

하지만 로크는 '신이 존재한다'는 이 원리가 생득 원리가 아니라고 주장한다. '신이 존재한다'는 것은 참인지 거짓인지의 문제가 아니다. '신이 존재한다는 이 말을 우리가 어떻게 알 수 있느냐'의 문제이다. 즉, 태어날 때 이미 알고 있는 말이냐, 아니면 경험을 통해 만들어진 말이냐 하는 문제였던 것이다. 로크는 단연코 태어날 때 이미 알고 있는 말이 아니라고 말한다. 즉, 태어날 때부터 이미 마음속에 있는 원리란 그 어떤 것도 존재하지 않는다는 주장을 펼친다. 어떤 원리가 생득적인 이유는 그 원리가 보편적이기 때문이라고 사람들은 주장하는데, 그 어떤 원리도 보편적일 수 없으며, 그러므로 어떤 원리도 생득적일 수 없다는 것이 로크의 주장이다.

### 동일률과 모순율이 사변적 원리의 생득성을 보장하지 못한다

로크는 어떤 원리도 생득적일 수 없다는 것을 오늘날 논리학에서 사용되고 있는 동일률과 모순율이라는 용어의 개념을 통해 설명한다. 동일률과 모순율이 사변적 원리이긴 하지만 생득적이지는 않다는 것이다.

동일률은 "a는 a이다"로 표시된다. '1 + 2는 3이다'와 같은 형식이다. 우리는 동물원의 호랑이 우리 앞에 가면, 호랑이를 보고 말할 것이다. '저것은 호랑이다.' 이처럼 우리는 'a는 a이다'라는 원리에 의해 생각을 해 나간다. a를 보고 a라고 말하지 않으면 생각이 이루어질 수 없기 때문이다.

모순율은 "a는 a가 아닌 것이 아니다"라는 의미를 갖는다. 예컨대 "고양이는 고양이가 아닌 것이 아니다"라고 나타낼 수 있다. 이 말은 고양이를 보면서 고양이가 아닌 강아지라고 주장한다면 그것은 잘못됐다는 배타적인 의미를 갖는다. 이 모순율 역시 우리가 논증을 해 갈 때 꼭 필요한 것이다. 로크에게 있어서 논리학에서의 기본 개념인 동일률과 모순율은 중요한 원리이긴 하지만, 이 사변적인 원리도 생득적이지는 않다는 것이 로크의 주장이다.

그러나 더욱더 나쁜 일은, 생득적인 원리를 증명하려고 보편적인 원리를 사용하면서, 모든 사람이 동의하는 보편적 원리가 존재한다고 주장하는 증명 방식이다. 나는 오히려 이 증명이 그런 원리가 없다는 것을 보여 준다고 본다. 왜냐하면 모든 사람이 보편적으로 동의하는 원리는 하나도 없기 때문이다. 사변적 원리에서 출발하여 '있는 것은 있다'와 '어떤 사물이 있으면서 동시에 없을 수는 없다'라고 하는 저 당당한 논증 원리를 예로 들어 보자. 이들 원리는 사람들에게 생득적인 것이라고 할 만한 원리로 받아들여지고 있다고 생각한다. 이들은 널리 받아들여진 공준이라는 확고한 명성을 가지고 있으며, 따라서 여기에 의문을 갖는 사람이 있다면 틀림없이 이상한 사람 취급을 받을 것이다. 그러나 솔직히 말하면 이들 명제는 널리 동의되기는커녕 알지 못하는 사람들이 너무도 많다고 말할 수 있다. (1권 2장 4)

인용문에서 '있는 것은 있다'라는 말은 동일률을 보여 주는 말이며, '어떤 사물이 있으면서 동시에 없을 수는 없다'와 같은 말은 모순율을 보여 주는 말이다. 동일률과 모순율은 사변적인 원리이기는 하지만 태어나기 전에 이미 가지고 있는 생득 원리는 아니라는 것이 로크의 주장이다.

로크는 동일률과 모순율이 모든 사람이 태어나기 이전부터 이미 가지고 있는 원리는 아니라고 주장하는데, 그에 대한 근거로 어린이와 백치를 예로 든다. 어린아이나 백치는 이러한 원리를 이해하지 못하며 생각하지도 못한다는 것이다. 로크는 다음과 같이 이야기한다.

> 무엇보다 모든 어린이들이나 백치는 명백히 이들 원리, 즉 동일률이나 모순율을 전혀 이해하지 못하기 때문이다. 그리고 이해하지도 생각하지도 못한다는 것은, 모든 생득적인 진리에 꼭 수반되어야 할 보편적 동의가 없다는 것을 말한다. 영혼이 지각하지도 못하고 이해하지도 못하는 진리가 영혼에 새겨져 있다는 것은 모순이다. 새겨진다는 일에 어떤 의미가 있다면, 진리를 지각할 수 있게 하는 일뿐이기 때문이다. 마음에 무엇인가를 새기고도 이것을 지각하지 않는다는 것을 나는 도무지 이해할 수 없다. (1권 2장 5)

동일률이나 모순율이 생득적이라는 말은 '어떤 원리가 동일률이나 모순율이라면 그 원리는 보편적으로 동의되어야 한다'는 말과 같은 의미이다. 그러나 로크가 보기에 어린이들이나 백치는 동일률이나 모순율을 이해하지 못하므로 보편적 동의를 했다고 볼 수 없다는 것이다. 보편적 동의를 얻지 못했다는 것은 결국 동일률이나 모순율이 생득 원리가 되지 못한다는 것을 드러내는 것이다. 그에 따라 로크는 어떠한 생득 원리도 존재하지 않는다고 주장한다. 그러한 원리를 들은 경험이 있는 자는 그 보편적 원리에 동의할 수 있지만, 그 원리를 들어본 적도 생각해 본 적도 없는 자는 대부분 그러한 원리가 태어나기 이전부터 이미 존재했다는 것에 동의하지 않을 것이라는 점이 로크가 내세우는 근거이다.

그래서 로크는 '1 + 2는 3이다'라는 말이나, 고양이를 지적하면서 '저 고양이는 강아지가 아니다'라고 말하는 것은 당연히 받아들이지만, 그렇다고 해서 '1 + 2는 3이다'라는 말이나 '고양이는 강아지가 아니다'라는 원리가 생득적이라는 말에는 동의하지 않는 것이다. 그렇기에 로크는 '있는 것은 있다'와 같은 동일률이나, '같은 사물이 존재하면서 동시에 존재하지 않을 수는 없다'와 같은 사변적 원리도 생득적이 아니라고 주장한다.

로크는 오히려 반문을 하고 있는 셈이다. '1 + 2는 3이다'라는 것과 '고양이는 강아지가 아니다'라는 것을 우리가 분명히 알고, 그래서 마음에 새겨 넣고 있는데, 이렇게 새겨진 사실들은 태어날 때부터 이미 알고 있는 것이 아니라 나중에 경험들로부터 얻은 것이 아니냐고.

# 3. 생득적인 실천적 원리는 없다

## 어떤 실천적 원리도 생득적이 아니다

우리는 앞 장에서 로크의 "어떤 사변적인 원리도 생득적이 아니다"는 주장을 살펴보았다. 로크가 3장에서 주장하고자 하는 바는 '어떤 실천적 원리도 생득적이 아니다'는 것이다. 여기서 실천적 원리란 예를 들어 "약속을 지켜야 한다"거나 "거짓말하지 말아야 한다"와 같이 도덕적 실천을 권고할 때 사용하는 원리를 말한다. 우리는 이러한 실천적 원리에 따라서 생활하게 된다. 인간은 도덕적인 행동을 하면서 살아가야 할 존재이기 때문이다. 실천적 원리는 삶에 있어서 꼭 필요한 원리라고 할 수 있다. 도덕원리이기 때문이다. 그러나 이러한 원리가 꼭 필요하다고 해서, 그 원리가 우리가 태어나기 이전부터 가지고 있었던 생득적 원리라고 주장할 수는 없다. 예컨대 사람들이 세상을 살아가면서 "약속을 지켜야 한다"는 원리와 "거짓말하지 말아야 한다"는 원리를 만들어 낼 수도 있는 것이다. 로크에게 있어서 생득적인 실천적 원리는 존재하지 않는다. 로크의 말을 직접 들어 보기로 하자.

> 어떤 면에서 도덕원리 쪽이 사변적 원리 쪽보다 한층 더 강해 보이기도 하며, 때로는 도덕원리의 진리치가 더 확실해 보이기도 한다. 도덕원리는 사변적 원리와 마찬가지로 진리이다. 다만 증명 방식이 다를 뿐이다. 앞 장의 사변적 원리는 자기 자신의 명증을 따른다. 하지만 도덕원리는 진리의 확실성을 확보하기 위하여 추리와 논의를 필요로 하며, 마음을 작동시킬 필요가 있다. 도덕원리는 마음에 새겨진 자연의 문자처럼 명명백백하지는 않다. 만약에 그러한 도덕원리가 존재한다면 그 원리는 저절로 눈에 뜨일 것이다. 원리 자체가 모든 사람에게 절대 확실하게 알려져 있었을 것이다. 하지만 도덕원리에 추리와 논의가 필요하다고 해서 도덕원리의 진리성과 확실성이 훼손되는 것은 아니다. 이 점은 삼각형의 세 각의 합이 두 직각과 같다는 것이 진리성과 확실성을 확보한 것과 마찬가지이다. '전체는 부분보다 크다'만큼 쉽사리 증명될 수 없다고 해서 진리치나 확실성이 훼손되는 것은 아닌 것과 마찬가지이다. (1권 3장 1)

우리는 삼각형의 세 각의 합이 두 직각과 같다는 것을 너무도 확실하게 알고 있다. 전체는 부분보다 크다는 것도 너무도 당연히 받아들인다. 이런 명제들의 진릿값은 너무도 확실한 것이다. 그래서 우리들은 이런 명제들을 사고 활동을 할 때 사용한다. 그래서 우리는 이 같은 명제를 사변적 원리라고 말한다. 하지만 사변적 원리의 진릿값이 아무리 확실하다고 하여도 그 원리가 생득적이라고 할 수 없다는 것은 이미 앞 장에서 이야기된 바 있다.

이번 장에서 이야기되는 부분은 실천적 원리에 관한 논의이다. 실천적 원리란 "약속을 지켜야 한다"거나 "거짓말하지 말아야 한다"와 같은 원리로서 도덕원리라고 말하여지기도 한다. 이 실천적 원리는 사변적 원리만큼 분명하게 증명되지는 못한다. 예를 들어 누가 "약속을 지켜야 한다"고 말했을 때, "부모님이 교통사고로 입원했을 경우 친구와 축구 경기를 하기로 한 약속은 지킬 수 없다. 그러므로 그 경우 약속을 지켜야 한다는 말은 올바른 말이 아니다"라고 주장한다면, 틀린 말이라고 강제할 수 없다. 거짓말의 경우도 유사하다. 거짓말하지 말아야 한다고 하지만, 때로는 선의의 거짓말이 있을 수 있으며, 경우에 따라 거짓말을 해야 할 경우도 생겨날 수 있는 것이다. 그러나 약속을 지켜야 한다는 말이나 거짓말하지 말아야 한다는 말은 일반적인 진술에 해당하는 것으로서, 상황이 어떠한가에 따라 혹은 도덕행위를 하는 사람의 가치관에 따라 달라질 수 있는 것이다. 이렇게 봤을 때 실천적인 원리를 논의할 때에는 단순한 직관에 의존하기보다는 논의와 토론을 거치는 것이 더 일반적이라고 할 수 있다.

하지만 논의와 토론 과정을 거친다고 해서 실천적 원리가 확실성을 완전히 의심받는 것은 아니다. 어떤 점에서는 인간이 인간이려면 마땅히 실천적 원리에 따라야 한다는 점은 너무도 당연시되는 부분이다. 예를 들어 사람들은 신의를 지켜야 한다거나 사회는 정의로워야 한다는 것은 그리 쉽게 부정될 수 있는 말은 아닌 것이다. 여기서 논점이 되는 부분은 실천적 원리의 진리성이나 확실성 여부가 아니다. 실천적 원리가 생득적인지 그렇지 않은지의 여부이다. 로크는 실천적 원리 역시 생득적일 수 없다고 확신한다.

### '신의'와 '정의'가 실천적 원리의 생득성을 보장하지 못한다

로크는 신의와 정의라는 실천적 원리를 예로 들어 설명한다. '사람은 신의를 지켜야 한다'는 원리나 '사회는 정의로워야 한다'는 원리는 경험하기 이전에 주어지는 것은 아니라는 것이다. 극악무도한 도둑도 '정의'를 실천적 원리로 내세우는 것을 보면, 실천적 원리는 결코 생득적일 수 없다는 것이 로크의 주장이다. 그의 생각에 따르면, 신의와 정의는 결코 실천적 원리의 생득성을 보장해 주지 못한다. 사악한 행동을 하는 사람을 보면 그들이 본래부터 신의와 정의를 가졌다고는 도저히 상상할 수 없기 때문이다. 로크의 글을 직접 인용하도록 하자.

모든 사람이 동의하는 어떤 도덕원리가 있는가 없는가. 나는 인간의 역사에 대해 어느 정도 알고 있고, 자신의 좁은 굴레를 넘어서 세상을 둘러본 사람에게 묻는다. 이를테면 실천적 원리가 생득적이라면 이 진리는 의혹이나 의문 없이 보편적으로 받아들여져야 하는데, 그러한 실천적 진리는 어디에 있는가. 보통은 신의와 정의는 거의 모든 사람들이 동의하는 것처럼 보인다. 이것은 도둑의 소굴이나 극악무도한 악당에까지 확대되어 있다고 여겨지는 원리이며, 인간성 자체를 버린 것 같은 자들조차도 자기들끼리는 신의를 지키고 정의의 규칙을 지킨다. 범죄자들 사이에서도 그러하다. 나는 이것을 인정한다. 그러나 이들 규칙을 생득적인 규칙으로 받아들이는 것은 아니다. 이들은 자신의 공동체 내부에서의 편리한 규칙으로서 그것을 실천하는 것뿐이다. 그러나 같은 동료 노상강도에게 정의롭게 처신하면서 동시에 길에서 만나는 정직한 사람을 위협하거나 죽이는 자, 그런 자가 정의를 실천적 원리로서 받아들인다고는 생각할 수 없다. 신의와 정의는 사회의 공통된 유대이다. 그러므로 바깥 세계와 전적으로 인연을 끊은 무법자나 도둑도 신의를 지키고 공정한 규칙을 지켜야 한다. 그렇지 않으면 그들은 사회 결속을 깨는 것이다. 그러나 사기나 강탈로 세월을 보내는 자가 타고난 신의나 정의의 원리를 가지고 있고, 사회에서도 이것을 용인하고 이에 동의한다고 말한다면, 과연 어느 누가 그 말에 동의할 수 있겠는가? (1권 3장 2)

신의와 정의는 거의 모든 사람이 동의할 것 같은 실천적 원리이다. 이러한 원리는 극악무도한 도둑들의 집단에게도 퍼져 있을 것으로 믿어지는 원리이며, 인간성 자체를 전부 내버린 자들마저 상호 간에는 정의롭고자 하며 약속을 지키고자 한다. 그러나 그러한 규칙을 그들이 태어나면서 가지고 태어났다고 말해서는 안 된다. 도둑은 신의와 정의를 자신의 공동체 내부의 존속을 위한 법칙으로서 실천하는 것이다. 이 도둑의 신의와 정의는 상황에 따라 바뀔 수 있으며, 그 상황에서 학습된 것일 수 있는 것이다. 아무도 이들의 신의와 정의를 타고난 원리로 생각하지 않는다.

인간의 실천적 원리를 대표하는 것으로 '인간은 양심에 따라 행동해야 한다'는 원리가 생득적일 수 있는지 살펴보자. 우리는 보통 모든 인간에게는 양심이라는 것이 있으며, 이 양심은 태어날 때 이미 가지고 있는 것이라고 생각하곤 한다. 그래서 어떤 사람들은 때때로 양심이 생득적인 실천 원리의 존재근거가 된다고 생각한다. 그러나 양심은 도덕원리의 생득성을 증명하지 못한다. 양심을 갖고 있는 사람은 도덕 규칙을 파괴하는 행위를 꺼리며, 자신의 행동을 양심에 따라 판단한다고 해서 그것이 곧 도덕원리의 생득성을 보장하지 못한다.

만일 양심이 생득적으로 사람들의 마음에 각인되어 있다면, 어찌하여 사람들이 태연하게 도덕 규칙을 위반하는지 이해하기 어렵다. 그리고 도시를 점령하여 무자비하게 사람을 살해하는 포악한 군대를 바라보면, 진정 그들에게 양심이 있는지 의심스럽다. 양심이 있다면 그렇게 포악한 행동은 하지 않을 것이기 때문이다. 그러므로 양심은 인간이 태어날 때부터 가지고 있었던 실천 원리라고 말할 수 없다. 즉, 양심은 실천 원리가 생득적으로 존재한다는 것의 근거가 되지 못한다.

# 4. 생득 원리에 대한 다른 고찰

## '신'이라는 관념은 생득관념이 아니다

로크는 '생득 원리에 대한 다른 고찰'이라는 장에서 '신을 숭배해야 하는가?'라고 묻는다. 이 물음은 오랫동안 사람들에게 논란이 되어 왔던 물음이다. 존 로크가 『인간 오성론』을 쓰기로 했던 동기가 되었던 물음이기도 하다. 이 물음에 답하기 위해 로크는 '신'이라는 관념이 과연 생득적인지 아닌지에 대해 먼저 밝히는 것이 필요했다. 로크는 '신'의 관념은 생득적이 아니라는 결론에 이른다. 그렇다고 해서 '신'이 존재하지 않는다고 결론 내리는 것은 아니다.

로크는 "모든 곳의 모든 인간이 신의 관념을 갖는다고 해도 신의 관념을 모든 사람이 태어날 때부터 가지고 태어난다고 말할 수는 없다"는 결론을 내린다. 설령 신의 관념이 인간의 모든 종족에게 받아들여진다 하더라도 신의 존재는 신의 관념의 생득성과는 별개이다.

'신은 존재한다,' '신은 존재하지 않는다'는 관념은 중요한 물음으로 우리에게 다가왔다. '신'의 관념은 신이 생득관념인지 아닌지를 논의할 때 중요시되는 예이다. 생득관념을 떠올릴 때 가장 쉽게 생각나는 관념은 '신'의 관념이다. 만일 사람들의 마음에 태어나기 이전에 각인된 어떤 관념이 있다고 한다면, 그것은 조물주에 대한 관념일 것이다. 인간이 신에 대해 생각하는 것은 어떤 의미에서는 당연하게 여겨진다. 그러나 신의 관념도 어린 유아에게 바로 나타나지는 않는다. 어린이가 한참 큰 이후에 신의 관념이 생겨난다. 그리고 신의 관념은 참다운 신을 나타낸다기보다 이를 가르치는 자의 의견으로 만들어진다.

때때로 신의 관념이 어린 유아에게는 나타나지 않지만 특별한 혜안을 가진 현자들에게서 나타날 수 있다는 이야기를 들어 신의 관념이 생득적이라고 주장하는 사람이 있을 수 있다. 하지만 이러한 생각도 신의 관념이 생득적이라고 주장하는 근거가 되지는 못한다. 그런 경우 사람들이 신에 대해 갖는 관념은 신이 사람들의 마음에 새겨놓은 신의 모습으로 볼 수 없다. 이는 현자들이 신의 성품과 무한성에 대해 어떠한 생각을 가지기 시작했다는 점만을 나타낼 뿐이다. 현자들의 생각은 신의 존재를 부분적으로 인정하는 것 이외의 아무것도 아니다. 현자는 극소수이며 수천 명 가운데 한 사람이므로, 그들의 생각은 한계를 갖기 때문이다. 신을 생각한다는 것은 사람들이 갖는 신념이 생득적으로 인정된다는 것을 보여 주는 게 아니라, 신이라는 관념은 사람들이 생각을 하고 명상을 해서 획득한 하나의 신념이라는 것을 알기 쉽게 보여 주는 것일 뿐이다.

모든 인간이 신의 관념을 가진다고 해도 신의 관념이 생득적이라는 것을 보증해 주지는 못한다. 인간이 이성을 사용해 신의 흔적을 발견해 낼 수 있을 뿐이다. 그래서 온 나라의 백성들이 신의 관념을 갖게 되면, 신의 관념을 갖지 않는 것이 오히려 이상하게 여겨지는 상황이 될 수 있다. 하지만 모든 사람이 신의 관념을 갖는 상황이 된다 하더라도, 이것은 신의 관념이 생득 관념이 아니라 만들어진 관념이라는 것은 보여 줄 뿐이다. '신을 숭배해야 하는가?'의 물음도 마찬가지이다. 이 물음 역시 '신' 관념의 생득성을 보장하지 못한다는 것이 로크의 주장이다.

### 신의 숭배가 '신' 관념의 생득성을 보장하지 못한다

신을 숭배해야 한다는 원리는 인간의 마음속으로 들어올 수 있는 그 어떤 진리와 마찬가지로 대단한 진리로서, 모든 실천적 원리 가운데에서 분명 제1위에 속한다. 그러나 신의 숭배라는 관념이 타고난 것이 아닌 이상, 생득적인 것이라고는 결코 생각할 수 없다. 숭배한다는 명사가 아이들의 오성에는 없고, 마음이 애당초 자신의 본바탕에 각인시킨 것이 아니라는 점 때문이다. 이러한 사실은 숭배에 대한 명확하고 분명한 생각을 가진 사람이 성인들 가운데에도 별로 없음을 고려하면

손쉽게 인정할 것이라고 나는 생각한다. 그래서 '아이들은 신을 숭배해야 한다'는 생득적 실천 원리를 가지고 있다고 말하면서, 동시에 아이들은 그들에게 의무인 신의 숭배가 무엇인지 모른다고 한다면, 이처럼 우스운 일은 없는 것이다. (1권 4장 7)

사람들은 신을 숭배한다. 지구상에 너무도 많은 사람들이 종교를 가지고 있고, 종교 생활을 하면서 신을 믿고 숭배한다. 이슬람교도는 하루에 다섯 번씩 성지가 있는 곳을 향해 절을 하고 기도하며 알라신을 믿는다. 기독교도는 매주 예배를 드리고, 예수가 부활하였으며, 자신들의 죄를 사하기 위하여 십자가에서 돌아가셨다고 믿는다. 불교도는 석가모니를 믿으며, 윤회를 믿고, 절을 찾아 공양을 드린다. 그 외에도 많은 종교가 있으며, 각각의 종교인들은 자신들의 신을 믿고, 그에 따른 믿음 생활을 해 나간다. 그래서 사람들은 신의 숭배가 '신'이라는 관념이 생득적인 것의 증거라고 말하고 싶어 할 것이다. 하지만 로크는 신의 숭배가 '신' 관념의 생득성을 보장해 주지 못한다고 주장한다. 신이라는 관념 역시 후천적으로 만들어진 관념이지 태어나기 이전에 이미 가지고 태어난 관념은 아니라는 것이다. 로크의 주장은 다음과 같다.

만약에 모든 곳의 인간이 신에 대한 생각을 가졌다고 해도 신에 대한 관념이 생득적이라는 것은 생겨나지 않는다. 왜냐하면 신의 이름이나 그에 대한 확실한 생각을 가지지 않은 민

족도 발견되거니와, 신이라는 말 자체가 신에 대한 생각이 마음에 원래부터 각인되어 있다는 것을 증명할 수는 없기 때문이다. 이 점은 불이나 태양이나 열 또는 물 등, 그러한 사물의 이름과 그 사물에 대한 관념이 사람들 사이에 매우 보편적으로 받아들여지고 있다고 해서, 그러한 이름이 그것을 나타내는 관념을 가지고 태어났다는 것을 증명하지 않는 것과 마찬가지이다. 또 반대로, 그러한 이름 또는 그러한 생각이 사람들의 마음에 없다는 것은 신의 존재를 부정하는 증명이 아니며, 이것은 사람들 대부분이 자석에 대한 생각이나 자석에 대한 이름을 가지고 있지 않다고 해서 자석이라는 사물이 이 세상에 없다는 것이 증명되지 않는 것과 마찬가지이며, 또 천사, 즉 우리를 초월한 지능을 가진 존재자라는 관념도 그것에 대한 이름을 우리가 가지고 있지 않다고 해서 그러한 천사가 없다는 것이 증명된 것은 아닌 것과 마찬가지이다. (1권 4장 9)

인용문에서 로크는 인간이 신에 대한 생각을 가지고 있다고 해도 그것이 곧 신의 존재가 생득적이라는 것의 근거는 될 수 없다는 주장을 펼친다. 인간이 신이 존재한다고 결론을 내리든, 아니면 신이 존재하지 않는다고 결론을 내리든, 그것을 인간이 태어나기 이전에 이미 신의 존재를 알고 있었다는 근거로 사용할 수는 없다는 것이다. 전제와 주장 사이에 연관성이 없기 때문이다.

로크는 논리에서 사용되는 '무지에 호소하는 오류'를 지적하고 있다. 무지에 호소하는 오류란 '우리가 알지 못하기에 그 반대의 것이 참이다'라고 주장하는 오류이다. 이것이 오류인 이유는 우리가 알지 못한다고 해서 그 반대의 것이 입증되는 것은 아니기 때문이다. 신이 있다는 것이 증명되지 않았다고 해서 신이 없는 것은 아니며, 신이 없다는 것이 증명되지 않았다고 해서 신이 있는 것은 아니다. 다시 말해서, 신이 있다는 것이 증명되지 않았든지 신이 없다는 것이 증명되지 않았다면, 우리는 그 어느 것도 말할 수 없다는 것이다. 그러므로 신의 존재나 신의 부재는 증명되지 않았으므로 우리는 신의 존재를 단정하여 말할 수 없는데, 이는 '신' 관념이 생득관념이 아니라는 반증인 셈이다.

자석에 대해서도 '자석' 관념이 생득관념이 아니라는 논증이 가능하다. 자석이 철가루를 끌어당기는 성질이 있다는 것을 모르는 상태라고 가정하자. 우리는 어떤 물체를 철가루 근처에 가져가기 전에 그 물체가 자성을 갖고 있는지 아닌지를 알 수 없다. 철가루를 어떤 물체에 가까이 가져간 후 철가루가 그 물체에 끌렸을 때 비로소 우리는 그 물체가 자성을 가진 자석이라는 것을 알게 된다. 그런데 전제했다시피 우리가 자석이라는 것이 있는지에 대해 모르는 상태였다면, 우리는 자석이라는 것이 이 세상에 없는 것이라고 단정해 버리기 쉽다. 사실 자석은 이 세상에 있는 것인데도 말이다. 이 말은 자석이라는 말이 존재하지 않아도 자석은 존재하고 있다는 것의 증거가 된다. 자석의 존재 여부는 꼭 자석이라는 관념의 생득성과 관련이 없다는 뜻이다.

# 제2권 관념

제2권 "관념에 대하여"에서 로크는 인식의 재료, 즉 관념을 다룬다. 관념은 사람의 오성(human understanding) 속에 존재하는 것으로 이해된다. 로크는 여기서 관념의 기원을 연구한다. 아울러 사람의 오성에 그러한 관념이 어떻게 부여되는지를 연구한다.

로크의 이론은 관념 이론에서 가장 독창적이며 의미 있는 이론으로 펼쳐진다. 로크는 관념을 단순 관념과 복합 관념으로 구분한다. 우리가 가진 관념들 중에서 어떤 것은 단순하며, 어떤 것은 복잡하다. 단순 관념은 복합 관념보다 더 순수하지만, 복합 관념은 단순 관념들이 모여 우리에게 드러난다.

우리의 감각기관을 자극하는 사물들은 관념에 있어서 결합되고 혼합된 상태로, 즉 복합 관념으로 우리에게 다가오지만, 우리의 모든 지식의 재료들은 결국 단순 관념이다. 이 단순 관념은 감각과 반성에 의해서만 마음에 공급된다.

우리의 오성은 단순 관념들을 무한히 반복하고 다양하게 비교하며, 관념들을 결합하는 힘을 소유하게 된다. 그 결과, 복합 관념들을 만들어 낸다. 그러나 아무리 좋은 오성의 힘을 가지고 있어도 혹은 아무리 빠르고 다양하게 사고한다고 해도 결국은 마음이 하나의 새로운 단순 관념을 발견하고 그 단순 관념을 구성함으로써 사고는 시작된다.

단순 관념이 우리 마음에 들어오는 방법은 네 가지이다. 첫째, 하나의 감각에서 오는 단순 관념, 둘째, 여러 감각에서 오는 단순 관념, 셋째, 성찰에서 오는 단순 관념, 넷째, 감각과 성찰 모두에서 오는 단순 관념이다. 로크는 2권의 전반부에서 단순 관념을 살펴본 후에 2권의 후반부에서 복합 관념을 추가로 정립해 간다. 복합 관념은 혼합 양식, 실체, 관계로 나누어 설명되며, 단순 관념을 기반으로 해서 우리 마음에 들어오기 시작한다.

# 1. 관념 일반 및 그 기원

## 태어날 때 인간의 마음은 백지상태이다

관념 일반과 그 기원을 다루는 부분은 로크의 철학 사상을 알리는 데 크게 기여한 부분이다. "태어날 때 인간의 마음은 백지상태이다"라는 유명한 문구가 등장한다. 이 문구를 통해 로크의 경험론이 출발한다. 태어날 때 백지이던 마음에 경험이 관념을 만들어 내며, 경험을 갖기 시작하면서 인간은 인식하기 시작한다는 로크의 핵심 이론은 이곳에서 전개된다. 경험이 인식의 기원이라는 전제는 커다란 의미를 갖는다. 경험의 중요성을 부각시키고 있기 때문이다.

경험이 중요하다는 것은 어떠한 것일까? 간단한 예를 들어보자. 만일 어린아이가 흰 것과 검은 것 이외에 아무것도 보지 못하는 장소에 갇혀서 지내다가 어른이 되었다면, 그는 진홍색이나 초록색에 대해서 아무런 관념도 가질 수 없을 것이다. 우리가 그에게 '감은 진홍색이야'라거나, '수박은 초록색이야'라고 말해 주어도 그는 감의 색깔이나 수박의 색깔을 생각해 내지 못할 것이다. 마찬가지로 귤이나 파인애플을 어려서부터 맛보지 못한 사람에게 귤의 맛이 시큼하다든가, 파인애플이 달콤하다고 말해 주어도 그는 그 말만으로는 그 맛을 정확하게 이해할 수 없다. 그는 귤의 맛과 파인애플의 맛에 대해서 아무런 관념도 가지지 못하고 있는 것이다.

로크는 '생각할 때 관념이 불필요하다'는 것을 말하는 것이 아니라, '관념이 생길 때 반드시 경험이 있어야 한다'는 것을 말하고 있는 것이다. 로크의 말을 직접 들어 보자.

모든 사람은 생각한다는 것을 스스로 의식하며, 생각하는 동안 그의 마음에 관념이 생겨난다는 것을 알기에 여러 가지 관념들, 즉 하양, 딱딱함, 단것, 사고, 운동, 인간, 코끼리, 집단, 술취함 등 말로 표현된 관념을 그들의 마음속에 가진다는 것은 의심의 여지가 없다. 그래서 사람이 어떻게 그 관념들을 얻는가 하는 것이 제일 먼저 탐구되어야 할 일이다. '사람들은 태어나면서 그들의 마음에 새겨진 관념과 본원적인 각인을 가진다'는 것은 널리 받아들여진 학설임을 나는 알고 있다. 이 학설은 이미 상세히 검토한 바 있다. 그래서 오성은 모든 관념을 어디서 얻는지, 그리고 어떤 방식과 어떤 단계로 관념들이 마음속에 들어오는지를 밝힌다면, 내가 앞 권에서 했던 말을 훨씬 더 쉽게 이해할 수 있을 것이다. 관념의 획득 원천과 방식

과 단계에 대해서, 나는 모든 사람들의 관찰과 경험에 호소하게 될 것이다. (2권 1장 1)

관념이 만들어질 때 반드시 경험이 있어야 한다는 로크의 주장은 "태어날 때 인간의 마음은 백지상태이다"라는 유명한 문구에서 출발한다. 인간은 백지로 태어난 이후에 경험들로 채워간다는 것이 로크의 주장이다. 로크의 언급을 직접 살펴보자.

마음은 글자가 전혀 적히지 않은 백지로서, 관념이 전혀 없는 백지라고 가정된다. 이 백지는 어떻게 관념을 갖추게 되는가. 인간의 부지런한 그리고 무한한 상상력이 그려내는 방대한 지식은 어떻게 축적되는가? 마음은 어디에서 이성과 지식의 모든 재료를 얻게 되는가? 이에 대해서 나는 한마디로 경험으로부터라고 대답하겠다. 우리의 모든 지식은 경험에 그 바탕을 두고 있으며, 궁극적으로 경험으로부터 나온다. 외부의 감각적 대상과 우리 내부의 작용에 의해 이루어지는 반성이라는 마음의 내부 작용이 우리의 오성에게 사고의 모든 재료를 공급한다. 이 두 가지가 지식의 원천으로, 우리가 갖는 관념 또는 자연스럽게 가질 수 있는 모든 관념의 원천이 된다. (2권 1장 2)

사람들은 보통 '태어나기 전부터 관념을 가진다'는 잘못된 생각을 받아들이고 있는데, 로크는 마음은 글자가 전혀 없는 백지이며, 거기에 관념이란 조금도 없다고 주장한다. 어떻게 해서 마음은 관념을 갖추게 되는가? 인간의 마음이 무한하게 그려내는 방대한 축적물들은 어디에서 얻는 것인가? 어디에서 마음은 이성적 추리와 지식의 모든 재료를 얻어내는가? 이에 대해 로크는 한마디로 '경험에서'라고 대답한다. 우리의 모든 지식은 궁극적으로 경험에서부터 시작되며, 경험에 근거한다.

## 감각과 반성이 관념을 만든다

로크가 경험을 말할 때, 그 경험이라는 것이 두 가지로 이루어져 있다는 것을 우리는 알아야 한다. 하나는 외적인 감각이고, 다른 하나는 우리 마음 내부에 있는 내적인 감각이다. 외적인 감각이라는 것은 우리가 보통 알고 있는 시각, 청각, 후각, 미각, 촉각을 말하는 것이고, 내적인 감각이란 우리가 보통 생각할 때 사용하는 반성이라는 것이다. 감각과 반성이라는 두 용어는 로크가 경험을 이야기할 때 소홀히 해서는 안 되는 용어이다. 이 두 용어를 배제한 채 단순히 경험만을 강조해 버리면, 이는 로크의 중요한 용어를 소홀히 취급하는 것이 된다.

로크에게 있어서 감각은 우리 인간 인식의 출발점이다. 인간이 외부의 사물을 최초로 받아들이는 그곳에 감각이 존재하며, 이 감각에 의해 모든 인식이 형성되기 시작한다. 아울러 감각에 의해 받아들여진 인상은 인간 내부의 마음의 작용인 반성에 의해 수용된다. 반성은 우리 인간이 외부의 사물을 받아들인 이후에 인식으로 작동하는 출발점 바로 그곳에서 활동한다. "우리의 모든 지식의 기원은 감각과 반성이다"라는 말은 이렇게 해서 생겨난다. 감각과 반성에 대한 로크의 설명을 직접 들어 보기로 하자.

> 첫째, 우리의 감각기관이 특정한 대상을 감지하고자 할 때, 이들 대상은 여러 방식으로 감각을 자극하며 사물의 개별적인 지각을 마음에 전달한다. 감각기관이 관념을 마음에 전달한다고 말할 때, 그 뜻은 감각기관이 외부 대상들로부터 산출한 지각들을 마음에 전달한다는 것을 의미한다. 우리가 가진 대부분의 관념들의 원천은 전적으로 우리의 감관에 의존하고, 감관에 의해 도출되며, 오성으로 옮겨지는데, 이 원천을 나는 감각이라고 부른다. (2권 1장 3)

> 둘째, 경험이 오성에 관념을 제공하는 다른 원천은, 오성이 얻은 관념에 대해서 오성이 작동하기 시작할 때, 우리 자신의 내부의 정신에 작용하는 지각이다. 이 작용은 정신이 반성하거나 고찰하게 될 때, 외부의 사물들로부터는 얻을 수 없었던 다른 한 쌍의 관념을 오성에 갖추게 한다. 이러한 관념들은 지각, 사고, 의심, 믿음, 추리, 앎, 의지 등 모든 우리 자신의 마음의 행위들이다. 이러한 마음의 행위들을 우리는 자신의 내부에서 의식하고 우리 자신 속에서 관찰하므로, 우리의 감관을 자극하는 물체로부터 받아들이는 것과 같은 관념을 오성이 받아

> 들이는 것이다. 관념의 이 원천을 모든 사람은 전적으로 자기 자신 속에 가진다. 비록 이 원천이 외적인 대상들과는 아무런 관계도 없으므로 생리적 감관은 아니지만, 감관과 아주 비슷하다. 그러므로 충분히 내적인 감관이라고 부를 수 있다. 그러나 앞에서 다른 하나를 감각이라고 불렀으므로, 여기서는 이것을 반성이라고 부르기로 한다. (2권 1장 4)

모든 관념은 감각이나 반성에서 온다. 그러므로 감각이 관념의 한 원천이며, 반성이 관념의 또 다른 원천이다. 먼저 '감각이 관념의 한 원천이다'라는 것에 대해 논의하자. 우리들의 감각기관은 개개의 감각적 사물에 관여한다. 즉, 사물들은 감각기관에 접한다. 감각기관은 여러 가지 방법으로 사물에 응한다. 그리고 감각기관은 사물의 여러 가지 개별적인 지각을 마음에 전한다. 이렇게 해서 우리는 '노랑,' '하양,' '뜨겁다,' '차갑다,' '부드럽다,' '딱딱하다,' '쓰다,' '달다'와 같은 감각 관념을 갖는다. 우리가 갖는 관념의 대부분은 모두 감각기관에 의존하며, 감각기관은 사물들의 성질을 오성에 제공한다. 로크는 이 감각기관이라는 원천을 "감각"이라고 부른다.

우리의 마음 작용에는 관념의 또 다른 원천이 있다. 반성이 그 원천이다. 경험이 오성을 통해 관념이 되는 다른 원천은 우리들 마음의 여러 가지 작용에 대한 것으로서, 지각이라는 것이다. 지각은 "생각하는 것, 의심하는 것, 믿는 것, 추리하는 것, 의지하는 것"이며, 우리들 마음의 활동들이다. 우리들 마음의 활동들은 관념을 형성한다. 관념은 자신의 원천을 인간의 마음속에 가지고 있다. 이 원천은 외부 사물과는 관계가 없으므로 외부 감각기관은 아니지만, 외부 감각기관과 흡사한 면이 있다. 그래서 '내부 감각기관'으로 불러도 좋다. 로크는 이것을 반성이라고 부른다. 반성은 마음이 자기 안에서 자기 자신에게 작용하는 것이다.

결론적으로 말하면, 이들 두 가지, 즉 대상으로서의 외적인 물질적 사물에 대한 감각과, 내적인 마음의 작용인 반성은 모든 관념이 시작되는 기원으로 작동한다. 관념의 기원은 이 두 가지뿐이다.

외부의 사물은 감각을 통해서 감각적 성질을 마음에 갖추게 한다. 관념은 감각적 성질이 우리 안에 낳은 지각인 것이다. 마음은 스스로 반성을 하여 관념을 마음에 갖추게 한다. 관념들을 살펴보면 결국 감각과 반성이라는 두 길을 통해서 우리 마음속에 들어오게 된다. 우리의 모든 관념은 이 둘 중의 어느 하나에서 온 것이며, 다른 원천은 없다. 이는 어린아이들에게서도 관찰할 수 있다. 어린아이는 태어나자마자 감각을 통해서 세상을 알아가기 시작한다. 보고 듣고 만지고 먹는 활동이 어린아이를 생존케 한다. 어린이에게 있어서 반성의 관념은 늦게 나타난다. 어린아이가 이 세상에 갓 태어났을 때에는 장래의 지식의 밑거름이 될 만한 관념을 다량으로 축적하고 있다고 믿을 수 없다. 어린아이는 관념을 차차로 갖추어 가는 것이다. 처음 몇 해는 세상을 바라보고 관찰하는 데 정신을 집중한다. 이 시기

동안에 아이들이 하는 일은 바깥에서 일어나는 일을 보는 것이다. 시간이 어느 정도 흐르면, 아이들은 감각에만 관심을 갖는 것에서 벗어나기 시작하면서 차츰 자기 안에 일어나는 것을 생각하기 시작한다. 그때가 되어서야 반성이 이루어지기 시작한다. 감각과 반성이 함께 작동하기 시작하는 것이다.

## 2. 하나의 감각에서 온 단순 관념

### 색깔, 소리, 맛, 냄새, 촉감은 하나의 감각에서 온 단순 관념이다

로크는 하나의 감각에서 온 단순 관념의 예로 색깔, 소리, 맛, 냄새를 들고 있다.

> 먼저, 어떤 관념을 받아들이는 데에 특별히 알맞은 하나의 감관을 통해서만 들어오는 관념이 있다. 이를테면, 흰색 · 빨간색 · 노란색 · 푸른색과 같은 색깔들과 푸른색 · 진홍색 · 보라색 · 청록색 등과 같은 색깔의 여러 가지 농도, 즉 색조와 혼색은 단지 눈에 의해서만 들어온다. 모든 종류의 소리, 음향, 음성은 단지 귀로만 들어온다. 여러 가지 맛과 냄새는 혀와 코에 의한다. 그래서 만약에 이들 기관이 색 · 소리 따위를 외부에서 뇌, 즉 마음 내부의 거실에 전달하지 못하게 되면, 마음의 접견자인 오성에 전달되는 경로인 신경의 어느 하나가 상처를 입

어 기능을 다하지 못하게 된다. 이로부터 들어올 아무런 문도 없게 되고, 오성에 받아들여질 어떤 다른 길도 가지지 못하게 될 것이다. (2권 3장 1)

로크는 색깔, 소리, 맛, 냄새 등을 하나의 감각에서 온 관념이라고 한다. 이러한 관념들이 왜 하나의 감각에서 온 관념일까? 예를 들어 설명해 보기로 하자. 만약 외계인이 지구에 와서 바나나는 무슨 색깔이냐고 물었다고 하자. 그러면 지구인은 노란색이라고 대답할 것이다. 만일 외계인이 또다시 노란색이 어떤 색이냐고 묻는다면, 그에 대해 지구인은 노란색을 보여 주면서 '이런 색깔이야' 라고 대답할 수밖에 없다. 노란색을 달리 설명해 보았자 그 외계인은 알아듣질 못할 것이기 때문이다. 그래서 색깔은 단순 관념이라고 할 수 있다. 소리, 맛, 냄새도 그러하다. 직접 그 소리를 듣고, 맛을 보고, 냄새를 맛보지 않으면 사실상 그 소리와 맛과 냄새를 알 수 없는 것이다. 이와 같이 감각 경험으로부터 직접 느끼되 다른 감각이 필요하지 않고 오직 시각, 청각, 미각, 후각 하나만을 필요로 해서 만들어진 관념을 하나의 감각에서 온 단순 관념이라고 한다.

촉감에서 오는 단순 관념도 마찬가지이다. 우리는 모래를 만질 때, 진흙을 만질 때, 자갈을 만질 때, 각각의 감각은 모두 다르며, 그 나름대로의 특유한 감각을 가진다는 것을 알고 있다. 여기서 갖가지 감각에 속하는 개개의 촉감을 모두 열거할 필요는 없을 것이다. 또 정확히 열거하는 것도 쉽지 않다. 여기에는 매우 많은 단순 관념들이 들어 있기 때문이다.

각 감관에 속하는 개개의 모든 특수한 단순 관념들을 모두 열거하는 것은 불필요할 것이다. 또한 실제로 열거하려고 해도 가능하지도 않다. 왜냐하면 대부분의 감관에는 그 이름만큼이나 많은 단순 관념들이 있기 때문이다. 예를 들어 냄새의 종류는 세상에 있는 냄새나는 물체의 종류보다 더 많지는 않아도 그만큼은 되는데, 대부분 이름을 가지고 있지 않다. 보통은 좋은 냄새와 나쁜 냄새로 이 관념들을 나타내지만, 이 역시 그 냄새들을 분명하게 구분할 수 있는 것은 아니다. 좋은 냄새와 나쁜 냄새가 완전히 동일하지는 않기 때문에, 장미의 냄새와 제비꽃 냄새는 둘 다 좋은 냄새이지만, 분명히 완전히 다른 냄새이며, 쓰레기 더미 냄새와 시궁창 냄새는 둘 다 나쁜 냄새이지만, 이 역시 분명히 완전히 다른 냄새이다. 혀로 받아들이는 관념인 여러 가지 맛도 이름이 일일이 붙어 있지 않다. 달다 · 쓰다 · 시다 · 떫다 · 짜다고 하는 정도가 많이 사용되는 맛이며, 다양한 식물이나 과일에서 각각 발견되는 수많은 다양한 맛들이 고작 우리가 맛에 대해 갖는 형용사의 거의 전부인 셈이다. 색과 소리에 대해서도 동일한 이야기를 할 수 있을 것이다. 그림물감으로 만들 수 있는 수많은 색들이 있지만, 우리는 그 색깔들에 모두 이름을 붙이지는 않는다. 우리는 수많은 소리를 듣고 살아가지만, 그 소리들에 모두 이름을 붙이지는 않는다. 그러므로 개개의 모든 단순 관념들을 열거하는 것은 불가능하다. 하지만 그러한 단순 관념들이 하나의 감각에서 온 단순 관념들이라는 점은 말할 수 있다.

# 3. 여러 감각에서 오는 단순 관념

## 연장, 형태, 움직임 및 정지 관념은 여러 감각에서 오는 단순 관념이다

로크는 여러 감각에서 오는 단순 관념들로서 '공간, 연장, 형태, 움직임 및 정지' 등을 제시한다. 이러한 단순 관념들은 우리 인간들이 여러 감각을 통해 느낄 수 있는 관념들이다. 우리 인간들은 다섯 가지 감각을 가지고 있다. 시각, 청각, 후각, 미각, 촉각이 그 다섯 가지 감각이다. 이 다섯 가지 감각 중에서 두 개의 감각이 동시에 우리에게 느껴질 수 있다. 예컨대 시각과 촉각이 연결되어 느껴질 수 있는데, 이때 연장, 형태, 움직임 및 정지라는 단순 관념이 생겨난다. 로크가 언급하는 여러 감각에서 오는 단순 관념은 다음과 같다.

우리가 하나 이상의 여러 감각에 의해서 얻는 관념은 공간, 연

> 장, 형태, 움직임 및 정지의 관념이다. 왜냐하면 이들 관념들은 시각과 촉각 모두에서 지각할 수 있는 인상을 형성하며, 우리는 물체의 연장, 형태, 움직임, 정지의 관념을 보거나 만짐으로써 받아들여 마음에 전달할 수가 있기 때문이다. (2권 5장 1)

'연장'은 '공간을 차지함'이라는 의미를 갖는다. 즉, 부피를 차지하는 속성을 일컫는다. 공간 내에서 일정한 부피를 차지한 것을 연장이라고 하기 때문에, 연장이 없으면 그 물체는 존재하지 않는다고 단정할 수 있다. 연장은 시각과 촉각이라는 감각과 연결되어 있다. 그래서 만약 우리가 조약돌이라는 물체를 손에 들고 있다면, 우리는 그 물체를 봄과 동시에 만질 수 있는 것이다. 만약 우리 손에 있는 조약돌이 보이지도 않고 만져지지도 않는 것이라면, 그것은 연장을 가지고 있지 않다는 것인데, 그러한 조약돌은 이 세상에 존재하지 않는다는 것을 의미한다. 조약돌은 시각과 촉각으로 우리에게 알려지는 것으로서, 그럴 경우 우리는 조약돌이 연장을 가지고 있다고 말할 수 있다.

'형태'는 모양새를 말한다. 모양새가 없는 것을 우리가 인식할 수 없는 것은 당연하다. 우리는 삼각자를 보고 삼각형의 형태를 가지고 있다고 말하고, 공책을 보고 사각형의 형태를 가지고 있다고 말한다. 이는 우리가 그 형태를 이미 알고 있다는 뜻이다. 삼각자를 보고 만져 본 경험이 있기에, 그리고 공책을 보고 사용해 본 경험이 있기에, 우리는 삼각형과 사각형의 모양새를 알고 있는 것이다. 형태는 시각과 촉각이라는 두 개의 감각을 통해서 우리에게 다가온다. 그런고로 사물은 어떤 것이든 형태를 가지고 있다.

'움직임과 정지'는 사물의 현재의 상태를 일컫는다. 사물이 공간적으로 위치가 바뀌면 움직임이라고 하고, 바뀌지 않으면 정지라고 한다. 우리는 장난감 자동차를 밀어 본 경험이 있어서 움직임이라는 관념을 알고 있다. 장난감 자동차를 세워 본 경험이 있어서 정지라는 관념을 알고 있다. 움직임과 정지는 서로 상대적인 개념이다. 공간의 위치가 바뀌면 움직임이고, 바뀌지 않으면 정지이다.

### 공간 관념은 여러 감각에서 오는 단순 관념이다

연장이나 형태나 움직임 및 정지는 모두 '공간'이라는 관념과 관련을 맺는다. 공간이라는 관념도 여러 감각에서 온 관념이다. 로크의 말을 먼저 인용해 보자.

> 공간의 단순 관념부터 시작하자. 나는 앞에서 시각과 촉각 양자를 통해서 공간의 관념을 얻을 수 있음을 밝힌 바 있다. 이것은 너무도 명백한 것이어서, 사람들이 시각에 의해서 물체 간의 거리 또는 물체 간의 부피를 비교하여 지각한다는 것을 일부러 증명하는 것은 불필요한 것과 같다. 이는 마치 사람들이 빛 자체를 보는 것을 증명하려는 것이 불필요한 것과 마찬

가지이다. (2권 13장 2)

우리 중에는 크리스토퍼 놀란 감독의 영화 〈인터스텔라〉를 본 사람이 있을 것이다. 그 영화 속에서 주인공은 멸망해 가는 지구의 대안이 될 별을 우주 공간에서 찾아 나선다. 그 별은 지구와 여러 면에서 비슷한 환경을 가지고 있어야 할 것이다. 과연 그러한 별이 우주 공간 속에 존재할 것인가? 우리는 여기서 '공간'이라는 개념을 생각해 볼 수 있다. 우주 안에 어떤 공간이 있는데, 그 공간이란 것은 무엇일까? 우리는 "공간"이라는 관념을 통해서 여러 감각에서 오는 단순 관념을 살펴볼 수 있다. 즉, 우리는 그 공간 속에서 살 수 있어야 하며, 동시에 그 공간을 볼 수 있어야 한다. 즉, 촉각과 시각이 동시에 감지되어야 그 공간은 공간으로서의 의미를 갖는다. 이때 공간 관념이 생겨난다.

공간 관념은 거리나 부피와는 다른 개념이다. 공간을 임의의 두 개의 존재물 사이의 길이로만 생각하고, 그 사이에 있는 사물에 대해서 아랑곳하지 않을 때, '거리'라고 부를 수 있다. 만일 공간을 길이와 넓이와 두께로 생각한다면, '부피'라고 부를 수 있다. 거리는 공간의 평면상의 양식이며, 부피는 공간의 입체상의 양식이다.

사람들은 측정에 사용하기 위해 척도를 정해 놓는다. 한 번 척도를 정해 놓으면, 그것을 사용해서 물체의 관념을 얼마든지 마음속에서 되풀이할 수 있다. 어떤 거리 관념을 반복해서 척도에 추가시키면 우리는 거리를 무한히 넓혀 갈 수 있고, 부피에 있어서도 마찬가지다. 부피를 무한히 넓혀 갈 수 있다면 무한성의 개념을 가질 수 있다. 그러나 공간의 관념을 무한정으로 늘려 놓을 수만은 없다. 공간 관념은 한정된 부피를 가져야 하기 때문에 공간을 무한으로 늘릴 수는 없다. 어떤 의미에서 공간 관념은 보는 것과 몸으로 느껴지는 것이라는 두 가지 감각으로부터 생겨난다.

# 4. 반성에서 오는 단순 관념

## 반성은 마음의 내적 감각이다

로크는 반성에서 오는 단순 관념을 제시하기 전에 제2권 "1. 관념 일반 및 그 기원"에서 감각과 반성을 어떻게 구분하고 있는지 설명한 바 있다. 그곳에서 로크는 '반성'이라는 말을 '내적인 감각'이라고 부른다. 이것은 그가 반성을 일종의 감각으로 간주하며, 외부 대상과 직접적으로 관여하지는 않지만 인간 내면의 내적인 감각이라는 점을 분명히 한 것이다. '반성'을 '내적인 감각'으로 부를 수 있다면, 좁은 의미의 '감각'은 '외적인 감각'에 국한된다. 그래서 관념이라는 것은 외적 감각이든 내적 감각이든 결국 감각에서 온다고 할 수 있다. 좁은 의미의 감각에 대해서는 이미 앞에서 이야기가 되었으니, 여기서는 반성에 대해 보다 자세히 살펴보기로 하자.

우리는 하루 일과가 끝나면 일기를 쓰곤 한다. 때로는 하루의 일과 중에 잘못했던 점을 후회하거나 뉘우치는 경우가 있다. 이것이 반성이다. 그러나 로크가 보는 반성은 이러한 후회나 뉘우침만을 의미하지는 않는다. 우리의 마음속에서 이루어지는 대부분의 것들을 반성이라고 말한다. 즉, 자기가 가지고 있는 관념에 대해 스스로 살펴볼 때 생겨나는 마음의 작용이 모두 반성인 것이다.

반성의 관념은 감각 관념이 생성된 이후에 만들어진다. 만일 어떤 것이 감각으로 받아들여졌는데, 아직 관념으로 받아들여지지 않은 상태라면, 그것은 감각으로 수용된 후 반성이 이루어지지 않은 것이다. 외부에서 들어온 감각 관념은 반성을 통해 새로 바뀌거나 변형되어야 한다. 반성에 의해 새로 바뀌거나 변형되지 않으면 반성에서 온 관념은 생기지 않는다. 그렇다면 관념을 만들어 내는 반성에는 어떤 것들이 있는가? 반성에서 오는 여러 가지 단순 관념들이 있지만, 그중에서 기억, 분별, 추론, 판단에 대해 먼저 간단히 언급해 보기로 하자.

### 반성에서 오는 단순 관념에는 기억, 분별, 추론, 판단 등이 있다

기억은 말하자면 관념의 저장소이다. 우리는 보통 어떤 인상을 받지만, 그 인상은 곧 사라져 버리게 되고, 결국은 마음속에서 보이지 않게 된다. 하지만 기억이 있기에 우리는 그 인상을 마음에 재생해 낼 수 있다. 예를 들어 어떤 대상이 사라진 이후라도 우리는 그 대상이 갖고 있었던 열이나 빛이나, 색깔이나 맛 등의 관념을 꺼낼 수가 있는데, 이는 기억이라는 관념의 저장소가 있기 때문이다.

분별은 마음에 있는 몇 가지 관념을 가려내는 기능을 한다. 마음은 여러 대상의 성질을 분명하게 지각하지 않는 한 극히 적은 것밖에 알 수가 없다. 이때 여러 대상의 성질을 분명하게 지각할 수 있도록 하나의 사물을 다른 사물로부터 구별하는 일은 절대적으로 필요하며, 이러한 일을 하는 것이 분별이다.

추론은 마음이 모든 사고와 추리를 할 때 사용하는 것이다. 신경통을 앓고 있는 할머니가 내일은 비가 올 것이라고 추론하기도 하는데, 이는 '비가 오기 전에 신경통이 생긴다'는 근거에 따른 것이다. 이 역시 추론의 일종으로서 반성에서 오는 단순관념이다.

판단은 생활을 함에 있어 우리들이 지식에 대해 절대적인 확신을 갖지 못했을 때에 주로 사용한다. 판단을 하지 않는다면 우리는 생활할 수 없을 것이다. 예를 들어 음식물에 바이러스가 없다고 확증될 때까지 먹지 않으려고 하거나, 사업이 망하지 않을 거라는 확신이 들 때까지 투자를 하지 않으려고 한다면, 그 사람은 아무것도 할 수 없을 것이다. 어느 순간 판단을 해야 하는 것이다. 이때 판단이 필요하다.

## '지각'이라는 관념은 반성에서 오는 단순 관념이다

'지각'은 마음이 관념에 대해 작용하는 최초의 기능이다. 지각은 반성에서 얻는 최초의 가장 단순한 관념이다. 사람들은 지각을 사고라고 부른다. 누구든지 보거나 듣거나 만지거나 생각할 때 자기 마음속에서 작동하는 것이 없으면 지각은 없는 것이다. 감각기관에 의해 외부에서 자극을 받더라도 내부에서 그것을 깨닫지 못하면 이 역시 지각은 없는 것이다. 지각에 대한 로크의 설명은 다음과 같다.

> 지각은 마음이 관념에 대해 작용하는 최초의 기능임과 동시에 반성으로부터 얻는 최초의 가장 단순한 개념으로, 사고 일반이라고 부르는 사람도 있다. 영어의 올바른 어법에서는, 사고는 관념에 관한 마음의 작용 중에서 마음이 능동적임을 나타낸다. 이 경우 마음은 어떤 사물을 어느 정도까지 자발적인 의도를 가지고 고찰한다. 왜냐하면 단순히 지각 그 자체만으로는 마음은 대부분 수동적이며, 마음이 지각하는 것을 지각하지 않을 수 없기 때문이다 (2권 9장 1)

지각에 대해 고찰할 때 생각해야 할 점이 있다. 경험이 없으면 지각할 수 없다는 점이다. 예를 들어 보자. 태어나면서부터 장님인 사람이 금속의 모양을 구별하는 법을 배웠다고 하자. 이 장님은 금속의 모양을 촉각으로만 구별한다. 즉, 같은 성분의 금속인데 모양만 정육면체와 구체로 다를 경우, 그것들을 만져서 정육면체와 구체를 말할 수 있게 되었다고 하자. 눈으로 볼 수 있게 된 처음 순간, 만지지 않고 시각만으로 정육면체와 구체를 구분하여 말할 수 있겠는가? '구분하여 말할 수 있다'고 하려면, 그 장님은 촉각과 시각을 연결하는 생각의 고리를 가지고 있어야 한다. 왜냐하면 장님은 정육면체가 어떻게 감촉되며 구체가 어떻게 감촉되는가의 경험은 있으나 시각적인 경험은 없으므로, 촉각에 의해 감촉되는 경험과 시각에 의해 감촉되는 경험을 연결시킬 필요가 있기 때문이다. 즉, 손이 정육면체의 뾰족한 각에서 느끼는 느낌과 구체의 둥근 면의 부드러운 느낌을 경험한 후 시각을 사용해서, 즉 정육면체와 구체를 보면서 다시 한 번 촉각에 의해 느껴 보아야, 그 이후에 정육면체와 구체를 시각으로 구분할 수 있게 된다. 장님은 정육면체의 뾰쪽한 각과 구체의 둥근 면을 각각 날카로움과 부드러움이라는 시각 관념과 연결시킬 수 있어야, 새로운 관념을 형성할 수 있다. 시각에 의한 지각을 통해 인지할 수 있어야, 그 물체의 시각에 의한 관념을 형성해 낼 수 있는 것이다. 다시 말해서, 물체의 촉각은 시각과 결합되어 하나의 관념을 만들어 낸다. 이때의 지각은 반성에서 오는 단순 관념이다. 지각은 마음에서 생겨나는데, 인식 작용에서 수동적인 기능을 수행하면서 동시에 마음이 자발적인 의도를 갖고 사물을 고찰하게 하는 최초의 기능을 행한다.

# 5. 감각과 반성 모두에서 오는 단순 관념

**'쾌락'과 '고통'은 감각과 반성 모두에서 오는 단순 관념이다**

로크는 쾌락과 고통을 감각과 반성 모두에서 오는 단순 관념으로 보고 있다. 쾌락과 고통이라는 단순 관념은 퍽 중요한 의미를 갖는다. 인간은 모두 어떤 의미에서건 쾌락이나 즐거움을 추구하며 고통이나 괴로움을 회피하고자 하기 때문이다. 로크는 "모든 인간은 쾌락을 추구하고자 하며, 고통을 회피하고자 한다"는 단순하면서 중요한 진리를 파악한 것으로 보인다. 그는 쾌락과 고통이라는 관념에 대해 자세한 설명을 하고 있다. 로크의 말을 먼저 인용해 보자.

> 기쁨 또는 불쾌는 둘 다 감각 또는 반성에서 오는 모든 관념에 결부되어 있다. 외부로부터의 감관에 의해 유발되었든, 아니면 내부로부터 남몰래 생겨났든, 우리 정신에 쾌락과 고통을 낳

> 지 않는 것은 없다. 쾌락과 고통이라고 하는 것은, 우리 마음의 사고에서 일어나든, 아니면 우리의 신체에 작용하는 그 어떤 사물에서 일어나든, 우리를 기분 좋게 하거나 괴롭히는 일체를 뜻하는 것으로 이해하면 된다. 왜냐하면 한편으로는 만족 · 기쁨 · 유쾌 · 행복 등으로 부르든지, 다른 한편으로는 불쾌 · 괴로움 · 고통 · 고뇌 · 고민 · 불행 등으로 부르든지 간에, 이들은 모두 같은 사물의 정도의 차이에 지나지 않고, 쾌락과 고통, 편안과 불안의 관념에 속하는 것이다. 이에 쾌락과 고통이라는 이름을 나는 이들 두 종류의 관념을 설명할 때 가장 일반적인 것으로 사용하게 될 것이다. (2권 7장 2)

쾌락은 무엇인가? 인간을 즐겁게 하는 것이 쾌락이다. 아이스크림을 좋아하는 아이는 아이스크림을 먹을 때 즐거움을 느낀다. 영화를 좋아하는 사람은 영화를 볼 때 즐거움을 느낀다. 사람은 누구나 좋아하는 것을 하고 있을 때 즐거워한다. 이러한 즐거움을 쾌락이라고 한다. 사람들은 보통 쾌락은 나쁜 것이고 절제하는 것이 좋다고 말하는 경우가 있다. 때에 따라 이 말이 틀린 말은 아닐 것이다. 술 마시는 것이 즐겁다면서 너무 마시는 것보다는 술 마시는 것을 절제하는 것이 보다 바람직하기 때문이다. 하지만 이 글에서의 쾌락은 보다 포괄적인 의미로 사용되고 있다. 즉, 쾌락을 '행복을 얻기 위한 감정' 정도로 해석하는 것이 맞을 것이다. 즉, 고통이나 불행을 피하고 행복이나 만족감을 얻는 바람직한 상태를 쾌락이라고 보는 것이 더 적절할 것이다. 이렇게 볼 때 쾌락에는 기쁨, 만족, 유쾌, 행복 등이 포함될 것이며, 고통에는 불쾌, 괴로움, 불행 등이 포함될 것이다.

그런데 이러한 쾌락과 고통은 단순히 외적인 감각에만 의존하는 것도 아니고, 우리의 내적 감각인 반성에만 의존하는 것도 아니다. 로크는 쾌락과 고통이 감각과 반성 모두에서 온다고 말한다. 즉, 아이스크림을 먹을 때의 미각이라든가, 영화를 보고 있을 때의 시각과 청각만 가지고는 쾌락을 느낄 수 없고, 아이스크림의 맛을 우리 마음이 어떻게 받아들일지와 영화의 내용을 우리 마음이 어떻게 생각할지가 함께 어우러져 판단하게 된다는 말이다. 아이스크림의 맛은 외적 감각이지만, 그 맛을 보면서 생겨나는 감각은 내적 감각이며, 영화의 화면과 음향효과는 외적 감각이지만, 그 화면을 보고 음향효과를 들으면서 생겨나는 나의 감각은 내적이기 때문이다. 로크의 말을 직접 인용하면 다음과 같다.

> 감각과 반성 모두에서 오는 단순 관념 가운데서 쾌락과 고통은 대단히 중요한 두 관념이다. 신체에서 감각이 그 자체로 있거나 쾌락이나 고통에 따르고 있는 것처럼, 마음의 사고 내지 지각은 쾌락 또는 고통에, 유쾌 또는 불쾌에, 어떻게 부르건 그와 같은 것에 따르고 있는 것이다. 이런 것은 다른 단순 관념과 마찬가지로, 기술할 수도 없고 그 명칭을 정의 내릴 수도 없다. 이 관념을 아는 길은 감각기관의 단순 관념처럼 단지 경

> 험에 의할 뿐이다. 왜냐하면 선 · 악의 존재 모습으로 쾌락과 고통을 정의하는 것은 선 · 악의 다양한 각종 작용이 그 차이에 따라서 우리에게 작용하는 것일 뿐이며, 우리의 마음에 대해 선 · 악이 어떻게 작용하는지를 돌아보게 하며, 그에 따라서 쾌락과 고통을 우리에게 알리는 것에 지나지 않기 때문이다. (2권 20장 1)

쾌락과 고통은 감각과 반성 모두에서 오는 단순 관념이다. 쾌락이나 고통을 일으키는 대부분의 것들은 감각과 반성에 의해 생겨난다. 쾌락과 고통은, 그것이 생각에서 생겨나든 육체의 신경 체계에서 생겨나든, 우리를 기쁘게 하거나 괴롭히는 무엇인가를 나타내는 것이다. 쾌락을 만족, 기쁨, 유쾌, 행복이라고 하든, 고통을 불만, 슬픔, 불쾌, 불행이라고 하든, 그것들은 여전히 같은 종류의 관념을 정도에 따라 다양하게 표현한 것이다. 결국 그러한 관념들은 모두 쾌락과 고통의 관념에 속한다.

어쩌면 인간은 쾌락과 고통이라는 두 군주에 의해 지배되고 있는 노예 같은 존재일지도 모른다. 쾌락을 추구해 가며 고통을 피하고자 하는 존재가 인간이기 때문이다. 인간이 쾌락을 추구하는 존재라는 점은 쾌락과 고통이 감각과 반성에서 오는 단순 관념이라는 로크의 주장과 매우 밀접한 관련이 있다. 쾌락과 고통은 관념들이 혼합되어 만들어진 것이 아니라 내적 · 외적 감각에 의해 직접 얻어지는 것이라는 로크의 주장은 그렇기에 더욱더 큰 의미가 있어 보인다.

로크는 우리가 쾌락과 고통의 관념을 통해서 선악(善惡)을 어떤 식으로든 깨달을 수 있다고 주장한다. 로크는 선이라는 것이 '신이 선하다고 미리 정해 놓은 것'이 아니라고 한다. 악도 마찬가지다. 신이 미리 '이러저러한 행동은 악한 것이다'라고 정해 놓은 것이 아니다. 로크가 보기에 선은 '인간에게 행복을 가져다주는 것,' 즉 쾌락이고, 악은 '인간에게 불행을 가져다주는 것,' 즉 고통이다.

# 6. 단순 관념에 관한 고찰

## 관념을 만들어 내는 힘이 '성질'이다

로크는 관념의 본질을 보다 잘 알려면 관념을 두 가지로 살펴보아야 한다고 말한다. 하나는 우리 정신 안에 있는 관념이고, 다른 하나는 물체에서 나타나는 관념이다. 이러한 구분을 하는 이유는 정신의 감각 작용에 의해 얻어진 대부분의 관념들이 우리 밖에 있는 물체와는 다르게 나타나는 경우가 많기 때문이다. 예를 들어 왼손과 오른손을 각각 찬물과 뜨거운 물에 넣었다가 동시에 미지근한 물에 넣는 경우를 예로 들어 보자. 이 경우 미지근한 물은 왼쪽 손에는 따뜻하다는 느낌을 주고, 오른쪽 손에는 시원하다는 느낌을 준다. 그러면 우리는 미지근한 물의 진짜 온도에 대해 관심을 갖지 않을 수 없다. 왼손과 오른손이 각각 다르게 느끼고 있는 미지근한 물은 따뜻한 물인가, 아니면 시원한 물인가? 이러한 상황을 보다 잘 이해하기 위해서 로크는 관념의 본질에 대해 보다 잘 이해해야 한다고 충고한다. 관념들을 구분해 볼 필요가 있는데, 관념들의 구분을 통해 결과적으로 감각에 의해 얻어진 대부분의 관념들은 우리 밖에 있는 대상들과는 다르게 나타난다는 것을 알게 된다는 것이다. 로크의 이야기는 다음과 같다.

> 관념의 본질을 더 잘 발견해 내고, 관념에 관한 논의를 더 쉽게 이해하기 위해, 관념을 우리 정신 안에 있는 관념 또는 지각으로 삼는 경우와, 그러한 지각을 우리 내부에 일으키는 물체의 변형으로 구별하는 것이 편리할 것이다. 이러한 구별을 하는 것은 관념이 어떤 물체의 이미지 또는 유사물이라고 생각하지 않기 위함이다. 관념을 들으면 그것이 우리를 자극하는 경향이 있긴 하지만, 그 관념 자체가 물체의 유사물은 아니며, 정신의 감각작용에 의해 얻어진 대부분의 관념들은 우리 밖에 있는 대상을 닮지 않았기 때문이다. (2권 8장 7)

감각에 의해서 얻어진 관념은 우리 밖의 대상들과는 다른데, 그 기본적인 차이는 관념들과 대비되는 대상들의 성질을 살펴보면 알 수 있다. 그래서 관념과 대비되는 '성질'을 살펴볼 필요가 있다. 로크는 오성이 직접적 대상으로 삼는 것을 관념이라고 부르고, 어떤 관념을 낳게 하는 사물의 기능을 물체의 성질이라고 부른다. 관념이 인간 외부의 대상에 대해 인간이 만들어 낸 개념이라면, 성질은 외부의 대상이 인간에게 제공하는 개념인 것이다. 관념을 인간이 사물 자체에 대해 갖는 것으로 이야기할 수 있다면, 성질은 사물이 우리 인간 속에 낳는 것으로 생각하면 되겠다.

우리는 보통 성질이라는 말을 사용할 때 사람에 대해서 사용하는 경우가 많다. 예를 들어 '저 사람은 성질이 불같다'거나 '저 사람은 성질이 까다롭다'라고 하는 경우에 사용한다. 이런 경우에는 그 사람이 다른 사람을 대할 때 화를 많이 낸다거나 자신이 원하는 것만을 고집한다는 의미를 갖는다. 우리가 사람에 대해서 사용하는 이 성질이라는 단어를 사물에 적용하여 사용해 보자. 물의 성질은 어떠하냐는 질문에 우리는 물은 높은 곳에서 낮은 곳으로 흐르는 성질을 가지고 있다고 답변할 수 있을 것이며, 나무의 성질은 어떠하냐는 질문에 나무는 불에 타기 쉬우며 물에 뜨는 성질이 있다고 답변할 수 있을 것이다. 이와 같이 성질을 이야기할 때에는 물이나 나무가 자기 자신을 밖으로 드러내는 경우에 이 '성질'이라는 단어를 사용한다. 이러한 경우, 우리는 관념이라는 단어와 성질이라는 단어를 대상에 따라 구분해 볼 수 있을 것이다. 즉, 관념은 우리가 사물을 볼 때 만들어 내는 것이라면, 성질은 사물이 우리에게 다가서는 방식이라는 것이다. 이에 대한 로크의 설명은 다음과 같다.

> 정신이 자기 안에서 지각하는 것, 다시 말해서 지각이나 사고나 오성의 직접적인 대상이 되는 것을 나는 관념이라고 부른다. 그리고 우리의 정신 안에 어떤 관념을 만들어 주는 힘을,

그 힘이 가진 주관의 성질이라고 부른다. 따라서 눈덩이는 하얗다거나 차다거나 둥글다는 관념을 우리 내부에 만들어 내는 힘을 가지고 있다. 이때 하얗다, 차다, 둥글다가 눈덩이 안에 있다고 하고, 이러한 관념을 만들어 내는 힘을 성질이라고 부른다. 이러한 하얗다, 차다, 둥글다가 우리 오성 안에 있는 감각 작용 또는 지각일 경우, 나는 그것을 관념이라고 부른다. 만일 이 관념들이 사물 자체 안에 있는 것처럼 말하는 경우가 있다면, 그것은 우리에게 관념을 낳는 대상의 성질을 뜻하는 것으로 이해하기 바란다. (2권 8장 8)

## 성질은 제1성질과 제2성질로 구분된다

로크에 따르면, 모든 물체는 제1성질과 제2성질로 이루어져 있다. 물체의 제1성질은 물체 자체가 가지고 있는 고유한 성질이며, 제2성질은 물체가 어떤 작용을 해서 만들어 낸 파생적 성질이다. 예컨대 고체성이라는 제1성질에는 물체의 딱딱함이 존재하지만, '푸름'과 같은 색깔에는 그에 상응하는 대상이 존재하지 않는다. 그리하여 우리는 푸르른 하늘을 보면서도 그 하늘의 색깔이 푸르다고 확신할 수만은 없게 된다. 예를 들어 한국 사람들은 가을 하늘을 보면서 파랗다고 말하지만, 서양 사람들은 가을 하늘을 보면서 붉다고 표현하는 경우가 있는데, 그 이유는 하늘을 볼 때 색깔을 단정할 수 없기 때문이다. 다시 말해, 하늘의 색깔이 물체의 제1성질로 존재하는 것이 아니라 물체의 제2성질로 존재하기 때문이다. '달콤함'이나 '시끄러움'도 마찬가지이다. 맛이나 소리의 인식에도 그에 상응하는 대상이 존재하지 않는다. 이러한 관념들 속에 존재하는 것은 단지 어느 만큼의 크기와 형태를 가진 분자의 움직임뿐이다. 그리하여 로크는 '푸름,' '달콤함,' '시끄러움'을 물체의 파생적 성질로 보고, 제2성질로 부르는 것이다.

물체가 어떤 공간을 차지하고 있다든지 형태를 가지고 있다든지 움직이고 있거나 정지하고 있다는 것은 부인할 수 없는 그 물체의 고유 성질에 해당한다. 이것을 제1성질이라고 한다. 결국 제2성질의 관념은 제1성질의 관념에 의지한다. 제2성질은 변화 가능한 성질인데 반해, 제1성질은 변하지 않는 성질이다. 로크는 제1성질과 제2성질을 다음과 같이 구분한다.

> 물체 안에 있는 이러한 성질은 첫째, 물체가 어떤 상태이건, 물체에서 절대로 분리할 수 없는 것, 물체가 어떤 변경이나 변화를 겪더라도 또는 어떤 힘이 물체에 가해지더라도, 물체가 끊임없이 간직하고 있는 것이다. 그것은 충분히 지각할 수 있을 만한 부피를 가진 물질의 분자에서 끊임없이 발견되는 것이며, 감각만으로 지각하기에는 너무 작은 물질이지만, 모든 물질의 분자에서도 분리할 수 없는 것이다. 예를 들어 한 알의 밀을 두 개로 쪼개자. 각각의 부분은 여전히 고체성, 연장, 형태 그리고 움직임 또는 정지를 가진다. 다시 쪼개자. 그래도 역

시 같은 성질을 가지고 있다. 이렇게 해서 부분을 감지할 수 없을 때까지 계속 나누어 간다 해도 그 부분은 저마다의 성질을 유지할 것이다. 왜냐하면 어떤 물체들은 감지할 수 없는 부분으로 쪼개어도, 즉 맷돌이나 절구 등을 사용해서 계속 분할해 가도 그 물체로부터 고체성, 연장, 형태 또는 변동성을 제거할 수 없고, 단지 전에는 하나였던 물질 덩어리를 둘 또는 그 이상의 덩어리로 만들 수 있을 뿐이기 때문이다. 분할된 후에 생겨난 물체들은 구분된 덩어리로 간주되며 일정한 수만을 갖게 된다. 나는 이러한 성질을 물체의 본원적 성질 또는 제1성질이라고 부른다. 이 성질이 우리 내부에 단순 관념, 즉 고체성, 연장, 형태, 움직임 또는 정지, 수를 만들어 내는 것을 관찰할 수 있으리라. (2권 8장 9)

둘째, 대상 그 자체에 진짜로 속하지는 않지만 대상의 제1성질, 즉 사물의 감지할 수 없는 부분들의 크기, 형태, 조직, 움직임을 통하여, 우리 안에 다양한 감각을 낳는 힘인 색깔, 소리, 맛, 등과 같은 성질이 있다. 이것을 나는 제2성질이라고 부르겠다. 그것들은 단순히 내가 보통 이야기하는 방식에 따라서 제1성질이라고 부르는 것에서 파생된 것이다. 이것들은 대상 자체의 힘이라고 부르기 어려운 것이다. 예를 들어 설명하면, 불은 불 자체의 성질을 이용해서 밀랍이나 진흙에 새로운 색깔이나 단단함을 만들어 낸다. 이때의 불의 힘은 내가 이전에 느끼지 않았던 따뜻함이나 뜨거움 같은 새로운 관념이나 감각

관념을 내 안에 만들어 낸다. 이때의 따뜻함과 뜨거움은 불 그 자체가 아니라 불의 힘과 같은 것으로서 제2성질에 해당한다. (2권 8장 10)

요약하건대 사물의 성질에는 두 가지가 있다. 제1성질과 제2성질이 그것이다. 제1성질은 물체가 가진 고유한 성질로서, 물체와 분리될 수 없는 성질을 말한다. 물체가 어떤 상태에 있건 물체에서 절대로 분리될 수 없는 것, 물체가 어떤 변경이나 변화를 받더라도 절대로 분리될 수 없는 것, 어떤 힘이 물체에 가해져도 물체가 끊임없이 보유하는 것, 감각이 지각하기에 너무나 작은 물질 분자일지라도 그것에서 분리할 수 없는 것. 이와 같은 성질이 물체의 본원적 성질 또는 제1성질이다. 예컨대 고체성, 연장, 형태, 움직임 혹은 정지 그리고 수(數)가 그러한 것들이다.

제2성질은 사물 자체에서는 감각할 수 없는 성질을 말한다. 예컨대 색깔, 소리, 맛과 같은 것을 제2성질이라고 부른다. 이런 제2성질들은 제1성질인 물체의 크기, 형태, 움직임 등에 의해 다양한 감각을 낳는 능력을 말한다. 예컨대 토기를 구울 때 생겨나는 진흙의 색이나 단단함을 만들어 내는 불의 능력은 제2성질이다.

# 7. 혼합 양식이라는 복합 관념

**마음은 단순 관념을 모아 이름을 부여함으로써 혼합 양식을 만든다**

우리는 이제까지 수동적으로 받아들일 뿐인 관념만을 고찰해 왔다. 이와 같은 관념은 감각과 반성에 의해 받아들여진 단순 관념이었다. 마음은 이 모든 단순 관념을 받아들이는 데 수동적이다. 하지만 마음은 단순 관념 이외의 관념을 단순 관념에서 형성해 낸다. 복합 관념을 만드는 것이다. 복합 관념은 단순 관념을 재료로 하여 마음에 의해서 만들어진다. 다시 말해서, 마음은 단순 관념으로부터 능동적으로 복합 관념을 만들어 낸다. 단순 관념은 복합 관념의 재료가 되며 근거가 된다. 로크에 따르면, 혼합 양식은 복합 관념이다. 혼합 양식이 무엇인지 로크의 설명을 살펴보자.

양식이란 아무리 복합되어 있어도, 그 안에 자기 자신이 단독

> 으로 존속한다는 가정을 그 속에 포함하지 않고, 실체에 의존하는 것이며, 실체의 성질이나 상태로 생각된 그러한 복합 관념을 일컫는다. 나는 이것을 혼합 양식이라고 부른다. 삼각형이라든가, 감사라든가, 살인자 같은 단어가 의미하는 관념이 그것이다. (2권 12장 4)

혼합 양식은 단순 관념들에서 공통점을 찾아 이름을 부여함으로써 생긴다. '삼각형'이라는 관념은 세 개의 선분으로 이루어진 도형을 가리키며, '감사'는 베풀어 준 호의에 대한 표현이고, '살인자'는 다른 사람을 죽인 사람을 지칭한다. 삼각형이나 감사나 살인자 모두 어떤 모습을 띤 관념으로 볼 수 있으며, 이런 관념을 양식이라고 부를 수 있다.

삼각형, 감사, 살인자라는 양식에 대해 좀 더 부연 설명해 보자. 우리는 '삼각형'이라는 실체는 가질 수 없다. 우리가 삼각자로 삼각형을 그릴 수 있고, 삼각 김밥을 먹을 수 있다 하더라도, 그것이 삼각형 그 자체는 아니다. 삼각형의 모습을 띤 하나의 구체물일 뿐이다. '원'도 마찬가지이다. 우리가 수많은 동전에서 원의 모습을 발견해 낼 수 있다고 하지만, 그것은 원형을 띠고 있는 하나의 물체일 뿐 원 그 자체는 아니다. 원이라고 하는 것은 '하나의 점에서 일정한 거리에 있는 점들의 집합'이라고 정의할 수 있는데, 우리가 컴퍼스를 가지고 아무리 정교하게 원을 그려낸다고 하더라도, 그 원을 현미경으로 보면, 들쭉날쭉해서 중심에서 일정한 거리에 있는 점들의 집합이라고 할 수 없는 것이다. 그래서 원은 실제로 존재하는 실체라고 할 수 없는 것이다. 그 원은 하나의 '모습'이다. 이와 같이 하나의 모습을 보이는 것을 우리는 양식이라고 부른다. '감사'라는 단어도 하나의 모습을 띠고 있다. 낯선 곳에서 길을 몰라 물어봤더니, 동네 사람이 친절하고 정확하게 알려 주었을 때, 우리는 감사하다는 말을 한다. 이때 감사는 고마워하는 마음의 모습을 드러낸다. 그러므로 '감사' 역시 하나의 '양식'이다. '살인자'라는 단어 역시 사람을 죽인 사람이라는 의미를 갖는데, 그 사람은 사람을 죽인 경험이 있어야 하며, 그 같은 모습을 가진 사람을 일컬을 때 우리는 살인자라는 관념을 사용한다. 살인자라는 관념 역시 '사람을 죽인'이라는 상태 혹은 모습을 드러내므로 양식이라고 할 수 있다.

이외에도 로크는 책임, 취기, 사기 등을 혼합 양식의 복합 관념이라고 말한다. 책임이란 자기에게 주어진 임무를 끝까지 완수하려는 마음가짐을 말하며, 취기는 술을 마신 이 후에 남아 있는 술기운을 말하고, 사기는 다른 사람을 해할 목적으로 하는 거짓말을 말한다. 이 같은 혼합 양식은 단순 관념이 아니다. 단순 관념은 단순하여 쉽게 우리의 감각과 반성으로부터 나올 수 있는데 반하여, 혼합 양식은 복합 관념의 일종이므로 단순 관념들이 모여야 설명이 가능하기 때문이다. 이에 대한 로크의 이야기는 다음과 같다.

이번에는 혼합 양식으로 불리는 것을 고찰해야 한다. 혼합 양

> 식은 예를 들면 책임이라든가 취기라든가, 사기 등의 이름으로 표시하는 복합 관념이다. 그러한 복합 관념은 종류가 다른 여러 단순 관념이 결합하여 이루어지므로, 같은 종류의 단순 관념만으로 이루어지는 한층 단순한 양식과 구별하기 위해 나는 혼합 양식이라 한 것이다. 이 혼합 양식은 실체 관념처럼 흔들림 없이 존재하는, 무언가 실재하는 특징을 나타내는 표시는 아니며, 마음이 여러 단순 관념으로부터 모은 것으로, 제각기 독립된 관념으로 보게 되는 그러한 단순 관념의 혼합된 모습이기도 하므로, 그런 점에서 실체의 복합 관념과 구별되는 것이다. (2권 22장 1)

그러므로 혼합 양식은 여러 단순 관념들을 모아 놓은 것으로 드러난다. 이 혼합 양식은 마음이 대상들로부터 각각의 독립된 관념들을 모아 놓은 것이다. 그리하여 확고하게 존재하면서 실재하는 실체와도 구분된다.

혼합 양식은 마음에 의해서 만들어진다. 즉, 마음이 능동적으로 만든다. 마음은 단순 관념에 관해서는 아주 수동적이다. 즉, 감각 혹은 반성이 제시하는 대로 사물의 존재 및 작용에서 수동적으로 단순 관념을 받아들인다. 그러나 마음은 혼합 양식에서 다르게 나타난다. 마음은 단순 관념을 여러 가지로 짜 맞추는 능동적인 기능을 행사한다. 한번 마음에 단순 관념이 갖춰지면, 마음은 그것을 모아 여러 가지로 구성하여 다양한 복합 관념을 만들어 낸다. 관념을 형성하면서 마음은 사물의 여러 대상을 모으고, 그 여러 대상이 오성 속에서 착오를 일으키지 않도록 조절한다. 이렇게 해서 혼합 양식이 생겨난다.

이 혼합 양식은 이름을 가진 언어로 등장한다. 따라서 혼합 양식이라는 복합 관념을 얻는 일반적인 길은 그 관념을 나타내는 이름을 살펴보는 일이다. 언어는 단순 관념들을 수집하고 이 관념들을 오성 속에서 조절하여 다양한 이름들을 만들어 내기 때문에, 언어 안에는 풍부하고 정확한 이름들이 존재한다. 이름이 혼합 양식의 부분들을 한 관념으로 묶는다. 혼합 양식의 각 부분들은 많은 단순 관념들이 모여서 만들어지며, 이것은 이름으로 나타난다. 마음은 수집된 여러 단순 관념들을 결합하고 공통된 부분을 찾아 복합 관념을 형성한다. 단순 관념들을 결합하는 과정에서 마음은 하나의 이름을 부여한다. 이 이름을 통해 혼합 양식이 표현된다. 즉, 단순 관념들을 결합하고 공통된 특징을 찾아 통일성 있게 조절하면 혼합 양식이라는 복합 관념이 생겨나는 것이다.

# 8. 실체에 대한 복합 관념

## 실체는 습관적으로 상정된 기본 물체로 간주된다

실체에 대한 복합 관념을 살펴보기 전에 실체라는 관념을 먼저 살펴보자. 실체란 무엇인가? 데카르트에게 있어서 가장 중요한 실체는 세 가지이다. 신과 정신과 물체가 그것이다. 그중에서 물체가 다루기 가장 쉬운 실체이므로 물체 중의 하나를 예로 들어 실체에 대해 알아보기로 하자.

사과를 예로 들어 보자. 우리는 사과에 대해 잘 알고 있다. 사과는 과일 중의 하나이며, 아담이 에덴동산에서 먹은 것으로 유명하기도 하고, 뉴턴이 만유인력의 법칙을 발견할 때 떨어졌던 물건이기도 하다. 로빈 후드는 자기 아들의 머리에 있는 사과를 활로 쏴서 정확하게 사과의 한가운데를 맞추었다. 사과의 색깔에는 여러 가지가 있다. 홍옥이라는 사과는 빨간색이고, 국광은 초록색, 스타킹은 노란색의 빛깔을 가지고 있다. 크기는 다양하지만 대충 야구공만 한 크기이다. 사과의 맛을 싫어하는 사람도 있겠지만, 비교적 좋아하는 사람이 많다. 사과를 먹을 때 소리는 서걱서걱하거나, 퍼석퍼석하거나, 질긴 느낌을 주는 경우도 있다. 이와 같이 사과에 대해 우리는 많은 이야기를 할 수가 있다.

이렇게 많은 이야기를 할 수 있는 것은 우리가 사과를 이해하려 할 때 수없이 많은 단순 관념들이 함께 섞여 있다는 의미이기도 하다. 즉, 사과 하나에도 수없이 많은 단순 관념들이 섞여 있는데, 그 단순 관념들이 모여서 하나의 실체를 만들어 낸다는 것이다. 그래서 우리는 사과가 확실히 존재한다는 것을 알고 있다. 색깔, 크기, 맛, 소리 등을 느끼고 있으며, 사과는 너무나도 분명하게 존재한다고 생각한다. 너무나도 분명하게 존재한다는 이 사과, 우리는 이 사과를 하나의 실체로 생각하고 있는 것이다. 실제로 존재하고 있는 것을 실체라고 하는데, 이 사과 역시 실제로 존재하고 있으니 실체라고 할 수 있다. 만약 누군가가 우리 앞에서 사과를 건네주면서 '이 사과는 존재하지 않는 것이야'라고 말한다면, 우리는 그 사람의 정신을 의심할지도 모른다. 분명히 실체인 것을 실체가 아니라고 하니 어이가 없다고 할지도 모른다.

하지만 로크는 생각을 달리한다. 로크에게 있어 실체는 존재하지 않는다. 어떤 이유로 그렇게 생각하는지는 3권 '실체의 이름'에서 다시 이야기가 이어질 것이다. 다만 여기에서는 데카르트가 말하는 신과 정신과 물체는 실체가 아니라는 것이 로크의 생각이라는 점만을 밝혀 놓고자 한다. 물론 로크는 실체가 완전히 없다고 말하지는 않는다. 실체에 대한 관념이 다르기 때문이다. 로크에게 있어서 실체는 단지 이름만으로 존재한다. 그럼 이름만으로 존재하는 실체라는 것이 무엇일까? 우리는 철학에서 무척 중요한 논쟁이었던 이 실체 논증을 살펴보기로 하자. 먼저 로크는 실체를 무엇으로 정의하는지 살펴보자.

> 외부 사물에서 발견되어 그대로 전해지는, 또는 마음 자체의 작용 및 반성을 통해 전해지는 많은 단순 관념들이 준비되었는데, 마음은 이러한 단순 관념 중에서 몇 가지가 끊임없이 함께 들어오는 것을 깨닫는다. 하나의 사물에 속하는 것으로 추정되는 이 일정 수의 단순 관념들은, 즉 언어라는 공통의 인식에 적합하게 만들어진 일정 수의 단순 관념들은 하나의 주체로 통합되어 하나의 이름으로 불린다. 이것을 나중에 잘못 보고 하나의 단순 관념처럼 말하거나 생각하기 쉬운데, 실은 여러 관념들이 합쳐진 복합체이다. 이미 말했듯이, 복합체를 구성하는 단순 관념이 스스로 존립할 수 있는 상황은 상상할 수 없으므로, 우리는 단순 관념들을 존립시키고 생성시킨 기본체를 상정하도록 습관이 되어 있는데, 이때 우리는 그 기본체를 실체라고 부르는 것이다. (2권 23장 1)

실체의 관념은 어떻게 만들어지는가? 로크에 따르면, 실체의 관념은 감각기관이나 반성에 의해서 만들어진 무수한 단순 관념들을 공급받고, 공급받은 단순 관념들 중의 동일한 관념들을 계속해서 조직화시킬 때 생겨난다. 그리하여, 관념들이 한 사물에 속한다고 가정되고 공통의 언어가 사용될 때, 실체는 탄생하는 것이다. 즉, 한 물체가 한 이름으로 불릴 때 실체의 관념은 만들어진다. 우리는 때때로 실체의 관념을 단순 관념으로 생각하는 경향이 있지만, 그것은 잘못된 것이다. 실체의 관념은 많은 단순 관념들이 혼합되고, 그 이후에 하나의 통일된 결합이 이루어져야 생기기 때문이다. 실체의 관념에서 단순 관념들은 단독으로 존속할 수 없다. 그래서 단순 관념들이 존속할 수 있고 그것들을 추론할 수 있는 근거가 필요하다. 그래서 단순 관념들의 존속의 토대는 실체라고 부르는 기초 관념 위에 설정된다.

로크에 따르면, 우리는 감각과 반성이라는 경험을 통해서만 존재를 인식할 수 있는데, 정신과 물체는 경험을 넘어서기 때문에 스스로 존재하는 것으로 볼 수 없다. 결국 로크에게 있어 정신과 물질은 관념상으로만 존재한다. 이러한 로크의 생각은 '존재하는 것은 명칭일 뿐이며 실체가 아니다'라는 문장으로 요약할 수 있다.

예를 들어 설명해 보자. 로크는 '금'에 대해서 실체로서의 금은 존재할 수 없다는 입장을 취한다. 우리는 '금'이라는 관념만을 가지고 있을 뿐이다. 즉, 금은 누런색이고, 비교적 부드러우며, 왕수(王水)에 녹는 금속이라는 관념을 우리에게 제공할 뿐이다. 금에 대한 단순 관념들을 아무리 모은다 하더라도 그것이 진정으로 '금'의 실체에 도달할 수 있을지는 알 수 없는 것이다.

그러므로 실체 관념을 검토해 보면, 그 관념은 단순 관념을 만들어 주는 여러 성질의 버팀목에 지나지 않는다는 것을 알게 될 것이다. 이 여러 성질들을 우리는 보통 우연성이라고 부른다. 만약 어떤 사람에게 색깔이나 무게가 본래 속해 있는 주체가 무엇이냐고 묻는다면, 그는 고체성과 연장 이외에는 아무 대답도 할 수 없을 것이다. 그리고 만일 그에게 고체성과 연장이 본래 어디에 속해 있었느냐고 물으면, 그는 필연적인 대답은 하지 못하고 계속해서 우연성만을 이야기할 것이다. 이에 대한 로크의 설명은 다음과 같다.

> 만일 그에게 고체성과 연장이 본래 어디에 속해 있었느냐고 물으면, 그는 앞서 예로 들었던 인도인의 경우와 조금도 다르지 않다고 답할 것이다. 그 인도인은 세계가 큰 코끼리에 의해 지탱이 되고 있다고 말했고, 코끼리는 무엇에 의지하는가 하는 질문에 대해 '큰 거북이'라고 답했지만, 넓은 등을 가진 거북이를 떠받치고 있는 것은 무엇인가 하고 재차 물으면 자신이 알 수 없는 어떤 것이라고 대답하고는 만족했던 사람이다. 이 경우, 우리는 명석하고 확실한 관념 없이 낱말을 사용하는 것이고, 그 사람이 아이이건 어른이건, 어떤 사물이 그렇게 쓰일 때, 그 의미는 그 사람이 모르는 것, 알고 있다고 하지만 분명한 관념이 전혀 없는 것, 따라서 그것에 대해서 그 사람은 완전히 무지하다는 것 이상의 의미를 부여한 것이 아니다. 그

렇다면 우리가 실체라는 일반 명칭을 부여하는 관념은 성질을 뒷받침하는 것이기는 하지만 알려지지 않은 버팀목에 지나지 않고, 다만 존재한다고 추정할 수밖에 없는 것이다. 즉, 우리는 버팀목을 실체라고 부르는데, 그 낱말의 참다운 의미를 따르면 영어에서 '아래를 받친다' 또는 '떠받친다'는 뜻이다. (2권 23장 2)

우리는 실체 관념을 과연 얻어 낼 수 있는가? 즉, 누군가가 실체의 관념에서 본질적이지 못한 관념들을 하나씩 제거하기 시작한다면, 그는 순수 실체라는 관념을 얻어 낼 수 있을까? 만일 실체 관념을 검사하려고 한다면, 그는 다른 관념을 가지지 않고, 오로지 단순 관념을 산출할 수 있는 그러한 성질들이 무엇인지를 알아내야 할 것이다. 그러나 그러한 성질을 갖고 있는 것이 분명하고 확실하게 존재하는 것은 아니다. 예를 들어 우리가 '백조는 흰색이다'라고 말하며 흰색을 백조에 대한 하나의 단순 관념으로 설정했다고 하자. 그럼 과연 이 세상에 있는 모든 백조는 흰색인가? 이미 검은 색의 백조가 등장한 사례가 발생했다. 그 경우 그 백조는 실체로서의 본질을 상실해 버린다. 결국 우리는 백조가 흰색일 것이라는 잠정적인 상태에서의 지지 개념에 의존할 수밖에 없는 것이다. 결론적으로 말해서, 우리가 실체 관념을 언급할 때는 결국 모종의 지지물에 의존할 수밖에 없다. 그래서 실체는 우리가 실재한다고 전제하는 지지물 이외의 아무것도 아니다. 지지하는 어떤 것 없이는 존속할 수 없다고 생각해서 우리는 그것을 지지물이라 부르는데, 이 지지물이 실체가 되는 것이다. 실체의 의미는 '떠받치다' 혹은 '짊어지다' 정도의 의미만을 가진 지지물인 셈이다. 결국 실체는 습관적으로 상정된 기본 물체에 지나지 않는 것이다.

# 9. 관계에 대한 복합 관념

## 관계의 본성은 비교하는 데 있다

'관계'에 대한 복합 관념은 비교적 이해하기 쉽다. 우리 인간은 수많은 관계 관념들을 가지고 있다. 예컨대 부부 관계, 부자 관계, 인과관계라는 말들이 그러하다. 남편이 없는 아내라는 관념은 있을 수 없으며, 자식이 없는 아버지라는 관념도 없고, 원인이 없는 결과라는 관념도 없다. 이러한 용어들은 상호 간에 서로를 규정하고 있다. 원인과 결과에 있어서도 우리는 시간상으로 원인이 결과에 앞선다고 하겠지만, 개념상으로만 보사면 결과가 원인에 앞선다고 할 수 있다. 왜냐하면 결과를 먼저 확인해야 그 후에 원인을 추정할 수 있기 때문이다. 결과 없는 원인은 없기 때문이다. 이러한 관념들을 우리는 관계에 대한 복합 관념이라고 말할 수 있다.

로크는 '관계'에 대한 복합 관념이 비교를 통해서 생겨난다고 보고 있다. 비교하는 것은 관계되는 두 사물 간의 비교가 일반적이겠지만, 동시에 관념들 간의 비교도 포함된다.

> 단순 관념이든 복합 관념이든 마음이 사물에 대해서 가지는 사물 자체의 있는 그대로의 관념들 외에 마음이 그들 관념들을 상호 간에 비교해서 얻은 다른 관념들이 있다. 오성은 어떤 사물을 고찰할 때, 그 대상에만 국한하지는 않는다. 오성은 이른바 그 관념 자체를 넘어서 다른 관념들을 가져올 수 있고, 그 관념을 뛰어넘어 바라보고, 관념이 어떤 다른 것과 합치되는가를 볼 수 있다. 마음이 한 사물을 그렇게 고찰해서, 말하자면 마음이 그것을 다른 쪽으로 가져오고, 그것을 다른 것 옆에 놓고서, 마음의 시야를 하나에서 다른 것으로 옮겨갈 때, 이것이 그 말들이 의미하는 바와 같이, 관계가 된다. (2권 25장 1)

관계의 관념은 일반 관념과는 다르다. 일반 관념은 다각적으로 정의될 수 있지만, 관계의 관념은 비교된 사물들 간의 공통의 관념을 통해서만 정의된다. 예를 들면, 사람이라는 일반 관념에 대해서는 '사람은 직립보행을 한다,' '사람은 도구를 사용한다'와 같이 다각적으로 이야기할 수 있지만, 아버지라는 관계 관념에 있어서는 자식에 대한 아버지라는 관계를 설정해야 '아버지'라는 관념이 나타날 수 있다. 즉, 관계 관념은 두 개의 관념이 비교되었을 때만 생겨난다. 그러니까 우리가 '우리 아버지는 엄격하다'라고 말할 때, 그 아버지는 자식이 있는 아버지임을 필연적으로 전제해야만 한다. 즉, '아버지'라는 관계 관념은 '자식'이라는 관념과 비교를 통해서만 존재 가능하다는 것이다.

한편, 관념상의 대상과 실제 대상이 항상 일치하는 것은 아니다. 예컨대 아들에 대한 관계로서의 아버지는, 즉 관념상의 아버지는 우리가 일반적으로 생각하고 있는 구체적인 아버지와는 다르다. 관념상의 아버지는 아들과의 유사 비교에 의해 생겨난 아버지로서 얼굴 모습이나 구체적인 성격들이 언급되지 않지만, 구체적인 아버지는 한 존재자로서의 아버지이기에 얼굴 모습, 구체적인 성격 등이 언급되는 것이다. 관계가 관념으로 나타날 경우에는 구체적인 영역에서 벗어나서 일반적인 영역으로 옮겨갈 수 있다. 다시 말해서, 관계는 일반적인 의미를 가질 수 있으며, 구체적인 관계에서 벗어날 수 있다.

# 10. 관념의 구분

## 어떤 관념은 분명하고, 어떤 관념은 불분명하다

로크는 자신의 책 2권의 전반부에서 자신만의 독특한 관념 이론을 펼쳐 보인 후, 후반부에 이르러 관념들을 구분해 놓는다. 분명한 관념과 불분명한 관념의 구분이 그것이다. 로크는 분명한 관념과 불분명한 관념을 시각으로 비유하여 구분하고 있다.

> 마음의 지각은 시각적인 비유를 통해 곧잘 설명할 수 있다. 시각의 대상이 분명한지 분명하지 않은지를 반성해 보면, 우리의 관념도 분명한지 분명하지 않은지를 알 수 있다. 그래서 우리는 충분한 빛 가운데 놓여 있지 않고, 모양이나 색깔을 그 자체로 관찰할 수 없으며, 만일 빛이나 모양과 색깔이 더 확연했다면 식별할 수도 있었을 그러한 것에 우리는 불분명이라

> 는 이름을 부여한다. 다시 말해서, 충분한 빛이 있고, 그 가운데서 모양이나 색깔을 자세히 알 수 있다면, 그것은 분명한 것이다. 이와 마찬가지로 기억이 그 관념들을 그대로 유지하고, 마음이 그 관념들을 고찰할 기회를 가질 때에는, 그 관념들은 분명한 것이다. 단순 관념들이 본래의 정확성을 어느 정도 결여하거나 최초의 선명함을 상실하고, 말하자면 시간이 흘러감에 따라 희미해지거나 흐릿해지거나 그 어느 한 가지만 발생해도, 그 관념은 불분명한 것이다. 복합 관념은 단순 관념들로 만들어지므로, 복합 관념을 구성하는 단순 관념들이 분명하고, 단순 관념의 수와 순서가 일정하고 확실할 때, 그 복합 관념은 분명하다. (2권 29장 2)

누군가가 밤에 운전을 하면서 하늘을 보았다고 하자. 그리고 그는 하늘에서 빛나는 어떤 물체가 산 너머로 빠르게 움직여 가는 것을 목격했다고 하자. 그가 그 물체를 외계 비행 물체라고 단정했다면, 우리는 그의 단정을 무작정 믿을 수는 없을 것이다. 하늘이 어두웠고, 그 물체의 정확한 형태를 보지 못했기 때문이다. 이때 그가 말하는 외계 비행 물체 관념은 불분명한 관념이 된다. 만약 낮에 운전을 하면서 하늘을 보았는데 여객기가 비행기구름을 그리며 산 너머로 넘어갔다면, 그때 그가 본 '여객기'라는 관념은 분명하다. 빛이 있는 가운데 분명하게 형태와 모양을 확인할 수 있었기 때문이다. 이와 같이 어떤 관념들은 불분명하고 불명료하며, 어떤 관념들은 분명하고 명료하다.

단순 관념이 불분명한 원인은 감각기관이 둔하기 때문이거나, 사물의 인상이 희미하여 쉽게 변해 버리기 때문이거나, 아니면 기억력이 약해서 관념을 받아들인다 해도 오래 기억할 수 없을 때이다. 복합 관념은 단순 관념에서 만들어지므로, 합성되는 단순 관념이 선명하고 순서가 확실할 때 분명하다.

# 제3권 언어

로크는 2권에서 관념들에 대한 자신의 주장들을 펼쳐 놓았다. 경험에 기초해서 관념들을 펼쳐 보임으로써 경험론의 토대를 구축해 놓은 것이다. 하지만 여기에 머무르지 않았다. 3권 "언어에 대하여"에서 언어에 대한 관심을 드러낸 것이다. 언어의 세계는 관념의 세계와는 다르다. 관념의 세계는 인간 내부에서 발생하는 개념들의 세계, 즉 생각들만의 세계이다. 그러나 언어의 세계는 관념의 세계와 사물의 세계 모두에 관련성을 가진다. 그래서 우리 인간은 관념을 언어로 표현하기도 하며, 동시에 언어를 표현할 때 사물의 세계를 제대로 지칭하고 있는지 관심을 갖게 된다. 만약 우리의 언어가 사물의 세계에 잘못된 이름을 부여하면서 사용되고 있다면 이 세상은 혼란으로 가득 차게 될 것이다. 그래서 언어의 세계에서는 관념들의 이름이 어떻게 지칭되고 있는지에 관심을 가지게 된다. 또한 관념들이 사물과 어떤 연관성을 가지는지가 논의된다.

3권에서는 먼저 언어 일반에 대해 살펴본 후, 언어는 일반명사로 이루어져 있음을 확인할 것이다. 이어서 언어생활에 가장 큰 철학적 물음을 제기하는 실체의 이름에 대한 논의를 한 후 언어의 불완전성을 언급하는 것으로 마무리될 것이다.

# 1. 언어 일반

### 언어는 분절음으로 이루어졌다

우리는 관념을 마음속에 가지고 있다. 그러나 마음속에 있는 관념만으로는 사람이 살아가는 데 있어 그 의미를 갖지 못한다. 관념이 언어로 드러나야 사람들의 삶이 가능해지기 때문이다. 삶이 가능하기 위해서는 언어 사용이 필수적이다. 필수적인 언어를 사용함에 있어서 언어의 가장 기본적인 단위는 분절음이다. "분절음"이란 우리가 언어를 사용할 때 이용하는 최소한의 구분 단위이다. 즉, 우리가 말을 할 때 소리를 구분해 주는 최소한의 단위가 필요한데, 그것이 분절음인 것이다. 그러니까 아기가 엄마를 부를 경우, '엄'이 하나의 분절음이고, '마'가 또 다른 하나의 분절음이다. 우리는 분절음이 있어야 언어를 이해하게 된다.

그러나 분절음만 가지고 언어를 모두 설명할 수는 없다. 언어의 사용은 의사소통을 하기 위해서 필요한 것이기에 의미가 추가되어야 한다. 나를 낳아 주고 키워 주는 사람이 바로 엄마라는 의미가 있어야 언어로서의 역할을 할 수 있는 것이다. 언어는 사회생활을 위한 기본적인 도구이며, 생각을 전달하기 위한 필수적인 도구이다. 언어가 사회 공통의 도구인 이유는 언어를 통해서 인간은 서로를 사귀고 이해하며 조화를 이루어 내기 때문이다. 언어는 사회 속에서 인간을 묶어 주는 끈이라고 할 수 있다. 언어를 통해서만 우리는 의사소통을 할 수 있다. 사람이 생각하는 것도 언어가 있기 때문에 가능한 것이다. 로크는 언어가 인간 세계에서 어떤 역할을 하는지를 분명하게 알고 있었다. 로크가 보기에 언어는 사회 공통의 도구이며, 사회를 이어 주는 끈이고, 생각을 전달하는 기호이며, 생각을 만들어 내는 기본 단위이다.

그런데 인간은 어떻게 해서 언어를 갖게 되었을까? 로크는 신이 인간에게 언어를 주었다고 말한다.

> 신은 인간을 만들 때 사교적인 피조물이 되도록 의도하셨다. 그래서 사람들끼리 동료가 될 수 있는 성질을 부여하여 동료가 되게 하셨을 뿐만 아니라 사회의 중요한 도구이자 공통된 끈이라고 할 수 있는 언어를 인간에게 갖추어 주셨다. 그렇기 때문에 인간은 언어라고 하는 분절음을 형성할 수 있도록 만들어진 기관을 자연스럽게 가지게 되었다. 하지만 이것만으로는 언어를 낳는 충분한 조건이 되지 못한다. 앵무새나 어떤 새

도 훈련만 되면 분절음을 충분히 만들 수 있기 때문이다. 그 분절음을 결코 언어라고 할 수는 없다. (3권 1장 1)

신은 인간을 사교적인 피조물로 만들고 싶었기에, 인간을 만들 때에 서로 사귀고자 하는 마음을 갖게 하였으며, 그리하여 인간은 서로 조화를 이루면서 사회생활을 해 나갈 수 있게 되었다는 것이다. 그리하여 언어는 사회생활을 가능하게 하는 중요한 도구가 되었으며, 사람들을 하나로 엮어 내는 공통의 끈이 된 것이다. 언어가 사회 공통의 도구가 되었다는 것은 언어가 분절음 이상의 의미를 갖는다는 것을 뜻한다. 로크의 이야기는 계속된다.

### 언어는 생각의 전달을 위한 도구이다

그러므로 분절음에 더하여 다음과 같은 일이 필요했다. 즉, 인간은 그러한 음을 내적인 관념의 기호로써 쓸 수 있고, 이 음으로 자기 자신의 마음속에 있는 관념을 나타내는 일이 필요했다. 그렇게 함으로써 사람들은 마음속에 있는 관념을 타인에게 전달할 수 있었을 것이며, 사람들의 생각이 사람에게서 사람에게로 전해질 수 있었을 것이다. (3권 1장 2)

사람들은 언어를 사용하여 자기 자신의 생각을 드러내며, 관념을 타인에게 전달한다. 이렇게 드러난 생각과 전달된 관념은 저장되기도 한다. 가장 일차적인 저장 장소는 사람의 마음속에 있는 기억 장소이다. 인간의 기억은 인간 사이의 의사소통을 위한 방편으로 사용된다. 기억 장소에 저장된 관념들은 의사소통을 할 때 다시 기억 밖으로 나와서 자신을 드러낸다. 이와 같은 방식으로 사람들은 언어를 사용하게 된다. 그러므로 언어는 사람의 마음에 있는 관념을 나타내는 도구라고 할 수 있다. 그런데 관념을 나타내고자 할 때, 관념 그 자체를 아무런 형식 없이 드러낼 수는 없다. 일정한 규칙이 있어야 한다. 그래야 사람들은 서로 간의 언어를 이해하게 될 것이다. 어떤 규칙이 있어야 할까? 사람들은 언어를 사용할 때 일반명사를 사용한다는 규칙이다. 로크의 말을 직접 들어 보자.

> 음이 관념의 기호로 사용될 수 있다는 것은, 그러한 기호가 몇 개의 특수한 사물을 포괄해서 사용된다는 뜻이다. 그러지 못한다면 언어는 아직 완전한 것이 되기에는 부족하다. 왜냐하면, 가령 모든 개개의 특수한 사물들이 각각 자신을 의미하는 별개의 이름을 필요로 한다면, 말이 너무 많이 늘어나서 쓰는 데에 곤란을 느낄 것이기 때문이다. 이러한 불편을 없애기 위해 언어는 더욱 발달해서 일반명사를 사용하고, 이것으로 하나의 언어가 다수의 개별적 사물의 존재를 표시할 수 있게 된 것이다. 음을 이렇게 편리하게 사용할 수 있었던 것은 음을 기호로 하여 관념의 차이를 구분했기 때문이다. 말하자면 일반

> 관념을 나타내게 된 이름은 일반적인 것이 되고, 이름이 쓰이는 관념이 특수할 경우에 그 이름은 특수한 채로 남아 있기 때문이다. (3권 1장 3)

언어는 일반 관념을 나타내는 이름과 특수 관념을 나타내는 이름을 모두 사용해야 한다. 그런데 특수 관념을 나타내는 이름은 너무도 많아서 사실상 언어의 본래적인 기능을 할 수 없다. 예를 들어 보자. 채소 시장에 가면 우리는 채소의 색깔을 섬세하게 구분하기도 한다. 그래서 '푸르스름하다,' '푸르다,' '파릇파릇하다,' '파르스름하다'와 같은 이름들을 사물에 붙이기도 한다. '고추가 푸르스름하다,' '부추가 푸르다,' '시금치가 파릇파릇하다,' '쪽파가 파르스름하다'가 그 예가 될 수 있다. 하지만 푸른 계통의 빛깔을 아무리 세분화시켜도 물체의 정확한 색을 모두 표현하기는 힘들다. 그래서 일반 관념을 나타내는 명사를 사용한다. 우리는 고추, 부추, 시금치, 쪽파의 색깔을 가리키면서 대략적으로 '푸르다'는 일반 관념을 사용하는 것이다. 우리가 사용하는 색깔의 이름들은 일반 관념이라고 해야 맞다. 그래서 누군가가 신호등의 직진 신호를 보고 파란색이 아니라 '초록틱틱하다'와 같이 어떤 특수 관념을 매번 사용하고자 한다면, 그와는 사실상 대화가 불가능할 것이다. 언어의 본래적인 사용에 이르려면, 음을 관념의 기호로 삼는 정도를 넘어서서, 개개의 사물을 포괄하도록 사용해야 하기 때문이다.

모든 개개의 사물을 나타내기 위해서는 단지 각 개체의 이름

뿐만 아니라 포괄적인 집합의 명칭도 필요하다. 이러한 필요에 따라 언어는 더욱 발달하면서 일반명사를 사용하게 되었고, 하나의 언어가 다수의 집합 존재를 표시하게 된 것이다. 일반 관념을 나타내는 명칭을 사용함으로써, 인간은 각각의 특수한 이름과 더불어 일반적인 이름도 함께 사용하게 된 것이다. 언어는 일반적 기호가 됨으로써 쓸모 있게 되었다. 그래서 언어를 가르치거나 배우기 위해서는 이름에 직접 대응하는 것이 무엇인가를 알아야 하며, 동시에 이름들이 모여 이루어지는 일반명사들에 대해서도 알아야 한다.

## 2. 일반명사

### 일반명사는 추상화된 관념이다

일반명사는 언어생활을 할 때 필수적인 요소이다. 일반명사가 없이 언어생활은 불가능하기 때문이다. 또한 일반명사가 있어야 사물에 대한 논의를 할 수 있기 때문이다. 만약 일반명사가 없고 고유명사만 있다면, 인간은 생각 자체를 할 수 없을 것이다. 이 세상에 이몽룡, 성춘향과 같은 고유명사만 있다면, 그래서 '단오,' '그네,' '만남'이라는 일반명사가 없다면, 우리는 '이몽룡이 성춘향을 단오에 그네에서 만났다'라는 생각 자체를 하지 못할 것이다. 일반명사가 있어야 생각은 가능하고, 일반명사가 있어야 언어생활이 가능한 것이다.

사실상 이 세상에 사물이 일반화되어 존재하는 것은 아니다. 사물은 각각 하나하나의 특성을 가진 유일한 존재로 존재한다. 즉, 개별적으로 존재하며, 특수한 것으로 존재한다. 그렇지만 언어가 그 사물에 일대일로 대응하고 있는 것은 아니다. 사물들에서 어떤 공통의 것들을 뽑아내어 그 공통점에 해당하는 것에 이름을 붙여 주는 것이다. 그러니까 인간은 사물에 공통의 이름을 붙여서 언어로 사용한다. 로크는 이렇게 일반명사가 생겨났다고 생각한다. 이러한 과정은 우연히 생겨난 것이 아니라 필요에 의해 생겨났다고 로크는 주장한다.

> 존재하는 모든 사물은 개별적인 것 또는 특수한 것이기 때문에, 사물에 대응하는 언어도 또한 그러해야 한다는 말이 있다. 이 말은 개개의 낱말이 언어 그 자체여야 한다는 뜻인데, 도리에 합당하다고 여겨질지도 모른다. 그러나 우리는 전적으로 반대가 되는 경우를 발견하게 된다. 언어를 이루는 거의 대부분은 일반명사이다. 이는 태만과 우연의 결과가 아니라, 이성과 필요에 따라 생겨난 결과이다. (3권 3장 1)

존재하는 모든 사물들이 단지 특수한 것들로만 분류된다면, 우리는 일반명사를 얻을 수 없을 것이다. 사물의 이름들은 특수한 것들로만 분류되는 것이 아니라 공통의 성질에 따라 분류된다. 이같이 사물의 이름들이 일반명사가 되는 과정을 무엇이라 하는가? 그 정답은 추상화 방법이다. 추상화 방법에 의해 일반명사가 생겨나는 것이다. 먼저 로크의 말을 들어 보자.

> 다음에 고찰해야 할 일은 고유명사가 아닌 일반명사가 어떻

> 게 만들어지는가이다. 존재하는 모든 사물들이 특수한 것들뿐이라면, 우리는 어떻게 일반명사를 얻는가. 그리고 그러한 일반명사들이 나타낼 수 있다고 여겨지는 일반적 본성은 어디서 발견할 수 있는가. 대개 낱말은 일반적인 관념의 기호가 됨으로써 일반적인 것이 된다. 또 관념은 그 관념에 이러저러한 특수한 존재의 특성을 부여할 수 있는 시간이나 장소 또는 다른 관념적 상황들을 분리함으로써 일반적인 것이 된다. 이러한 추상화 방법에 의해 관념은 하나 이상의 개체를 대표하게 되고, 각각의 개체는 그러한 추상 관념에 합치하는 종류에 속하게 된다. (3권 3장 6)

추상화에 의해 일반명사가 생겨난다는 것을 예를 들어 설명해 보자. 우리가 어느 낯선 곳에 갔다고 하자. 그곳에서 개처럼 생겼는데 귀가 크고, 주둥이가 튀어나왔으며, 무리를 지어 다니고, 컹컹대는 울음소리를 내는 동물을 발견했다고 하자. 처음에 우리는 단순히 그것이 개의 한 종류일 거라고 생각해 버리기 쉽다. 하지만 그 동물이 어느 날 뜰 안으로 들어와 닭을 잡아먹었다고 하자. 우리는 이제 이 동물을 관찰하게 되는데, 그때서야 그 동물이 개와는 다른 동물이라는 것을 알아차리게 될 것이다. 개는 사람을 잘 따르고 주는 먹이만을 먹으며 온순한 데 비하여, 그 동물은 사람을 적대시하고 사냥해서 먹이를 조달하며 포악한 모습을 보이는 것이다. 우리는 그 동물들을 살펴보게 되고, 이 동물들이 개와는 다른 특징을 가지고 있다는 것을 알아낸다. 많은 관찰과 경험이 누적되면, 마침내 그 동물이 개와는 다른 동물이라는 확신을 얻게 되며, 우리는 그 동물에게 늑대라는 이름을 붙여 주게 된다. 개와는 다른 새로운 종류의 동물이 만들어지는 셈이다. 이렇게 해서 늑대라는 일반명사가 탄생하게 되는데, 이 과정은 많은 늑대들을 관찰하고 경험한 이후에 그 동물들의 특성들을 추상화시켜, '그 특성을 가지고 있으면 늑대라고 칭한다'라고 특정하는 것이다. 즉, 많은 특수한 늑대들로부터 추상화된 하나의 이름이 나오게 되고, 그것이 '늑대'라는 일반 관념이 되어 일반명사가 되는 것이다.

만약 특수한 존재로부터 일반적 관념이 취해지지 않는다면, 그래서 추상화되지 않는다면, 우리는 그 관념이 무엇인지 알 수 없다. 개념을 추상화한다는 것은 개별자에게서 특수한 관념들을 제외시켰다는 의미를 갖는다. 개별자에게서 특수한 관념들을 제외시킨 것과 개별자들 속에서 특수한 관념들을 제외시키지 않은 것은 확연히 구분되기 때문이다.

# 3. 실체의 이름

## 실체는 명목적 본질과 실재적 본질로 구분된다

우리는 실체를 거론할 때 그 본질을 묻지 않을 수 없다. 본질이란 어떤 사물을 바로 그것이게끔 하는 어떤 것이다. 본질은 사물에게 실제로 있는 성질이며, 사물의 내적 성질이다. 사물의 본질은 그 사물에서 발견할 수 있는 고유한 성질들이다. '본질'과 '고유한 성질'은 깊은 관계를 갖는다. 본질이란 결국 '고유함,' '본래적임'이라는 의미를 바탕으로 생겨난 것이기 때문이다.

로크는 실체의 이름을 다루면서 실체의 본질들에 대한 언급을 한다. 실체의 본질에 대한 언급은 실체의 이름을 설명할 때 빠져서는 안 되는 부분이다. 실체에 이름을 부여할 때 실체의 본질을 어디에 두어야 하는가가 문제가 된다. 실체의 본질을 실체의 이름에 두어야 할지, 아니면 실체 그 자체에 두어야 할지가 논점이다. 실체의 본질을 실체의 이름에 두겠다는 것을 명목적 본질이라고 하고, 실체의 본질을 실체 그 자체에 두겠다는 것을 실재적 본질이라고 한다. 예를 들어 금덩어리로 실체의 본질에 대해 이야기해 보자.

먼저 명목적 본질의 관점에서 살펴볼 때, 금덩어리에서 금은 매우 중요한 역할을 한다. 금이라는 낱말은 하나의 복합 관념인데, 이것은 어디까지나 이름만으로 존재한다. 그래서 금은 하나의 노란 덩어리일 뿐이다. 이 노란 덩어리는 일정한 무게를 갖고 있으며, 팽창력이 있고, 녹을 수 있고, 불에 견딜 수 있다. 노란 덩어리로서의 개체물들은 존재한다. 하지만 노란 덩어리로서의 개체물이 존재한다고 해서 금 자체가 존재하는 것은 아니며, 단지 우리가 금이라고 부르는 이름으로서의 금만이 존재한다. 이것이 금의 명목적 본질이다.

이와는 달리 금의 실재적 본질은 금 자체가 실제로 존재하기에 금의 성질들과 그 밖의 다른 성질들의 근원이 되며, 금덩이에 대하여 감각적으로 느낄 수 없는 작은 부분의 성질들까지 가지고 있다. 즉, 금이라는 실체 자체가 존재하며, 그래서 구체적인 노란 덩어리들은 금의 실체를 나누어 가진 미완성의 부분들이다. 로크가 말하는 명목적 본질과 실재적 본질의 차이점을 살펴보자.

하나하나의 종을 각각의 특정한 종으로 구성해서 다른 종으로부터 구별시켜 주는 척도나 한계를 그 각각의 종의 본질이라고 부르는 것이다. 본질이란 그 각각의 종의 이름이 결부된 추상 관념이다. 자연적 실체에 대해서 알려진 본질, 다시 말하면 자연적 실체를 종으로 구별하는 본질도 모두 이 같은 것인데, 나는 이를 명목적 본질이라는 독특한 이름으로 불러, 이 명목적 본질 및 그 종의 모든 특성이 의거하는 실재의 실체 구조와 구별한다. 그래서 앞에서 말한 바와 같이 이 실재의 실체 구조를 실재적 본질이라고 불러도 좋을 것이다. 예를 들어 금의 명목적 본질은 금이라는 말이 나타내는 복합 관념이다. 이를테면 누런색이면서, 일정한 무게를 갖고 있고, 전도성이 있으며, 녹는 성질이 있는 고체의 물체라고 하자. 이때의 금의 실재적 본질은 금의 이러한 성질과 함께 또 다른 모든 특성에 바탕을 두는, 금이라고 하는 물체의 감지할 수 없는 여러 부분의 구조이다. 이 두 가지가 모두 금의 본질이 되면서, 금이 아닌 유사한 다른 것이 나타났을 때 어느 정도 다른지를 단번에 알아차릴 수가 있게 된다. (3권 6장 2)

우리는 본질에 대해 살펴보았다. 본질이 명목적 본질과 실재적 본질로 구분됨을 알게 되었다. 그런데 명목적 본질이든 실재적 본질이든 간에, 우리는 실체의 본질에 대해 보다 자세히 살펴보아야 할 시점에 있다. 문제는 실체의 본질을 어떻게 찾아낼 수 있는가이다. 실체의 본질을 찾아내는 하나의 방법은, 개체를 분류하여 공통된 이름 아래 묶고 특수한 내용을 제거하는 방법이다. 특수한 내용을 제거해 가면 공통점이 나타나고, 공통점이 나타나면 공통 존재로부터 특수한 존재자들이 분류되어 나온다. 공통 존재 없이는 특수한 존재자들이 있을 수 없다.

예를 들어 '나는 누구인가?'라는 문제에 대한 답을 추구하면서 나의 본질에 대해 살펴보자. '내가 바로 나다'라고 하면서 나의 본질에 대해 이야기하고자 할 때, 한편으로는 나는 남들과는 다른 특수한 것들을 가지고 있어야 한다. 남들과 얼굴도 다르고, 지문도 다르며, 발가락 모양도 다를 것이다. 살아온 과정이 다르기에 경험도 다르고, 성격도 다르고, 가치관도 다를 것이다. 하지만 이런 것들이 나의 본질을 완벽하게 구성한다고 할 수는 없다. 왜냐하면 나는 다른 사람과는 달라야 하지만, 동시에 나 자체 내에서는 어떤 일관성 있는 본질을 가지고 있어야 하기 때문이다. 내가 한 사람의 특수한 존재로 남으려면, 나는 특수한 것들을 가지고 있어야 한다. 나 자체 내에 공통점이 전혀 없다면 나에게 본질적인 것은 없게 된다. 예를 들어 사고가 나거나 병에 걸리면 나는 평상시의 모습과는 다른 모습의 사람이 될지 모른다. 열이 많이 나거나 체온이 급격히 내려가서 얼굴 색깔이 달라질 수 있고, 교통사고에 의해 신체 모양이 엉망이 될 수도 있다. 그리고 뇌출혈이 생겨 뇌사 상태에 빠지면, 감각, 오성, 기억이 없어질지도 모른다. 이럴 경우 나는 평상시의 나의 정체성을 상실하며, 나의 본래적이고 고유한 성질들을 잃어버리고 더 이상 나일 수 없는 상태가 될 수 있다.

그러나 이 경우에도 분명 나는 과거에서 현재까지 일관성 있게 나일 수밖에 없는 나만의 본질을 가지고 있다. 이것은 나 자체 내의 공통점으로 자리 잡는다. 나의 생각이 나에 대한 공통점을 모아 추상화시키고, 추상화된 관념에 따라 나의 본질을 정해 준다. 누구든지 본질적인 것에 관해 가정하는 즉시 어떤 관념이 정신 속에 나타난다. 그리고 이 실체 관념은 특수한 성질을 제거하고 일반적인 공통점을 찾아 이름을 부여한다.

## 로크는 실체의 본질은 명목적 본질에 있다고 생각한다

로크는 실체의 본질을 명목적 본질과 실재적 본질 두 가지로 나누면서, 자신은 실재적 본질을 거부하고 명목적 본질을 택한다고 밝힌다. 태양의 관념을 예로 들어 설명해 보도록 하자. 우리는 보통 태양이 이 세상에 실제로 존재하니까 태양이라는 이름이 생겨났다고 생각한다. 이러한 생각은 과학에서도 입증하고 있다고 할 수 있다. 수성, 금성, 지구, 화성 등 행성들의 중심에 있는 중심별은 태양이라는 것이며, 태양이 없다는 것은 상상할 수조차 없다고 생각할 것이다. 너무나도 분명하고 확실한 이러한 생각에 따라 태양이 이미 존재했던 것이고, 그 후에 태양이란 이름이 붙여졌다고 말한다. 이런 입장을 택하고 있는 사람들은 실체의 실재적 본질을 주장하는 사람들이다. 데카르트도 이러한 입장을 택한 사람이다. 데카르트에게 있어서 태양과 같은 물체는 실제로 존재하는 실체이다. 부인할 수 없는 것이다.

하지만 로크의 입장은 조금 다르다. 우리가 좀 더 깊이 생각해 보면, 이름이 없는 상태에서 무엇을 인식한다는 것은 쉽지 않다. 만약 태양이라는 이름이 없다고 생각하자. 그래서 태양계라는 말도, 태양의 행성이라는 말도 없다고 하자. 그러면 우리가 태양에 대해 아는 것은 매우 어렵게 된다. 태양계의 중심에 태양이 있다는 것도 상상할 수 없으며, 그에 따라 수성, 금성, 지구, 화성 등의 행성의 존재도 알 수 없을 것이다. 우리가 무엇을 아는 것은 이름이 있기 때문에 아는 것이지, 이름이 없는데 알 수는 없다는 것이 로크의 생각이다. 이름이라는 것이 종(種)과 유(類)라는 관념들의 분류에 의해 추상화된 일반명사라는 점을 생각하면 이는 분명하다. 그러니까 태양을 아무리 그 자체의 여러 특성으로 묘사한다 하더라도 그것은 어디까지나 명목들의 집합에 지나지 않는다는 것이 로크의 생각이다. 그러니까 태양이라는 것의 본질은 태양이라는 이름에 있다는 것이다. 즉, 로크는 실체의 본질을 주장할 때 명목적 본질을 주장한다. 로크의 생각을 좀 더 깊이 살펴보면 다음과 같은 생각이 가능하다. 즉, 이 우주에는 태양과 지극히 유사한 성질을 가진 또 다른 태양이 존재할 수 있다는 것이다. 그것이 태양과 너무도 유사해서 우리는 그것을 태양이라고 불러야 하겠지만, 사실 우리는 그것에게 태양이라는 이름을 부여하고 있지 않다. 왜냐하면 그것은 지구인에게는 아무런 관련이 없기 때문인지도 모른다. 이런 경우, 그것을 태양이라고 말하지 않는다. 왜냐하면 우리는 태양이라는 관념을 먼저 설정해 놓은 다음에 그 관념에 따라 태양을 만들었기 때문이다. 그러므로 태양의 실체는 이름, 즉 명목에 있는 것이다. 이와 관련된 로크의 글을 읽어 보자.

> 일반적으로 고유명사가 아닌 실체의 보통 이름은 다른 일반명사와 마찬가지로 종을 나타낸다. 다시 말하면, 몇 개의 특수한 각각의 실체가 일치하는 복합 관념, 또는 일치할 수 있는 복합 관념의 기호가 되는 것이다. 기호가 됨으로써 특수한 각각의 실체는 하나의 공통된 생각에 포함되며, 하나의 이름으로 뜻을 나타낼 수 있는 것이다.
>
> 이 경우, 나는 일치한다거나 또는 일치할 수 있다고 말한다. 예를 들어 이 세상에는 단 하나의 태양이 있지만, 그럼에도 불구하고 태양의 관념은, 만약 몇 개의 태양이라고 하는 실체가 있다고 한다면, 그만큼의 많은 실체가 각각의 관념으로 대응하도록 추상화되어, 별만큼 많은 태양이 있다고 할 때와 같은 부류가 되어 버린다. 태양이 많이 있어서, 각각의 항성이 태양이라는 이름으로 나타나는 관념에 대응할 것이라 생각하는 사람들은, 그들 나름대로의 이유가 있을 수 있다. (3권 6장 1)

# 4. 언어의 불완전성

## 언어는 불완전하다

언어를 올바로 사용하기 위해서 언어의 용도를 생각해 볼 필요가 있다. 언어는 두 가지 용도로 사용된다. 하나는 우리 자신의 사상을 기록하기 위한 것이고, 다른 하나는 우리 생각을 타인에게 전달하기 위한 것이다. 모든 언어는 사상을 기록하는 데 이용되고 있으며, 문자가 이 역할을 행하고 있어서 커다란 어려움은 없다. 같은 관념에 같은 기호를 사용하면 언어의 기록에 문제가 없을 것이다. 그런데 우리의 생각을 타인에게 전달할 경우에는 내용이 정확하게 전달되는지를 따져 볼 필요가 있다. 언어의 전달을 누가 하느냐에 따라 두 종류의 사용 방법이 있다. 첫째는 시민적 사용법이고, 둘째는 학문적 사용법이다. 시민적 사용법은 사람들이 일상적 대화나 교제를 하는 데 도움이 되는 관념을 언어로써 전달하는 것을 의미한다. 둘째는 언어를 학문적으로 사용하는 것을 말하는데, 예를 들어 철학적으로 언어를 사용할 때, 의미가 보다 정확한 일반 명제를 사용하여 언어를 사용하는 것을 말한다. 이 두 가지 사용법은 별개의 것으로서, 시민적 사용법은 학문적 사용법보다 정확성이 어느 정도 떨어져도 괜찮을 것이다. 그러나 언어를 학문적으로 사용할 때는 보다 정확하게 사용해서 오해가 생기지 않도록 해야 한다. 하지만 언어 자체가 불완전한 것이기에 오해가 생기는 것은 일반적이다. 로크는 다음과 같이 언어의 불완전성을 지적하고 있다.

> 사상을 전달할 경우에 언어의 주요 목적은 상대방을 이해시키는 데에 있다. 그러므로 시민적 담론이건, 철학적 담론이건, 말하는 자의 마음속의 관념과 듣는 자의 마음속의 관념이 일치하지 않을 경우, 언어는 그 목적에 완전히 도움이 되지는 못할 것이다. 그런데 말은 우리의 관념으로부터 자연스럽게 결합되어 만들어진 것이 아니라, 우리들이 인위적으로 설정하여 뜻을 부여해 준 것이기에, 어떤 말이 의심스럽다거나 불확실하다는 뜻은, 즉 지금 여기서 이야기하고 있는 언어의 불완전성의 원인은, 관념을 뜻하는 어떤 말이 다른 말보다 힘이 없어서라기보다는, 그 말을 나타내는 관념 쪽에 문제가 많아서 생겨난 것일 수가 있다. 왜냐하면 관념을 뜻한다는 점에서 말은 모두 동일한 데 반하여, 그 관념은 어떤 것인지 판단하기 어렵기 때문이다. (3권 9장 4)

# 제4권 지식과 의견

제4권 "지식과 의견에 대하여"에서 로크는 어떻게 오성이 관념으로부터 올바르게 지식을 이끌어 낼 수 있는지를 다룬다. 그는 오성이 관념으로부터 올바르게 이끌어 낸 참된 지식을 단순히 지식이라고 지칭하며, 올바르게 이끌어 냈다고 볼 수 없는 불확실한 지식을 의견이라고 부른다. 지식과 의견을 구분함에 있어 로크가 가장 신경 쓰는 주제 중의 하나는 신앙의 영역과 이성의 영역에 대한 논증이다. 다시 말해서 신앙과 이성은 상호 간에 어떤 관계를 맺고 있는지가 하나의 관심사이다. 신의 존재 증명을 이성이 해낼 수 있는지에 대한 관심이라고 할 수 있다. 이런 그의 관심사는 먼저 지식 일반에 대한 고찰로부터 시작되며, 지식은 어느 정도 믿을 만한 것인지, 신의 존재 증명은 가능한 것인지, 이성과 신앙은 어떤 관련이 있는지로 이어진다. 그리고 마지막 장에서는 인류가 그동안 이루어 놓았던 학문들을 세 가지로 분류해 놓고 있다.

# 1. 지식 일반

## 지식은 관념들이 서로 일치해서 생겨난다

우리는 지식이라는 용어를 사용할 때, 지식의 내용이 참된 지식임을 전제해서 사용한다. 로크의 경우에도 예외가 아니다. 그는 참된 지식을 지식이라는 용어로 사용하며, 지식에 해당되지 않는 것, 다시 말해서 억측이 될 수 있는 것을 의견이라는 용어로 사용한다. 로크에게 있어 지식은 관념의 일치 또는 불일치를 일컫는다. 로크는 관념들이 서로 일치하면 지식으로 간주하고, 일치하지 않으면 의견으로 간주한다. 로크에게 있어서 지식은 관념들과 관련을 맺는다.

예를 하나 들어 지식이 관념과 관련되어 있다는 것을 설명해 보자. 우리는 '태양은 동쪽에서 떠서 서쪽으로 진다'는 지식을 받아들인다. 태양은 어제도 동쪽에서 떠서 서쪽으로 졌고, 그제도 그랬으며, 그전에도 그래 왔다. 지구가 생겨나서 지금까지 수십억 년이 흘렀는데, 그 모든 기간 동안에 '태양은 동쪽에서 떠서 서쪽으로 졌다.' 우리는 이 지식을 참된 지식으로 전제하고 있다. 그런데 '태양이 동쪽에서 떠서 서쪽으로 진다'는 지식이 항상 참인 것은 아니다. '태양이 서쪽에서 떠서 동쪽으로 지는 경우가 있는 것이다.' 어느 경우가 그럴까? 화성이나 목성에 가면 그럴까? 아니다. 화성이나 목성에 가도 '태양은 동쪽에서 떠서 서쪽으로 진다.' 금성에 가면 어떨까? 이때에 '태양은 서쪽에서 떠서 동쪽으로 질까?' 그렇다. 금성에 가면 '태양은 서쪽에서 떠서 동쪽으로 진다.' 금성에서는 자전축이 다른 행성들과는 반대 방향으로 돌고 있기 때문이다.

우리는 지구를 기준으로 하고 있기에 지구에서 보면 '태양은 동쪽에서 떠서 서쪽으로 진다'고 하지만, 만약 금성에 있는 사람들이 태양을 보면 '태양은 서쪽에서 떠서 동쪽으로 지는 것'이다. '태양은 동쪽에서 떠서 서쪽으로 진다'는 지식이 참이라고 말하려면 어떤 원리들에 입각해 있어야 한다. '태양의 일출과 일몰은 지구의 자전 방향과 관련 있다'는 원리이다. 물론 이 원리들 역시 그 처음의 출발은 관찰과 경험에 의한 것이어야 한다. 만일 누군가가 관찰과 경험 체계에 입각하지 않고 무조건 '태양은 동쪽에서 떠서 서쪽으로 진다'고 강요한다면, 그것이 참된 지식일 수 없는 것은 당연하다.

그렇다고 이 말이 누군가가 금성에 가서 실제로 태양이 서쪽에서 떠서 동쪽으로 지는지 확인한 후에 그 사실을 지식으로 받아들여야 한다는 것은 아니다. 왜냐하면 지식은 관념과 관련되어 있는 것이지, 관념을 넘어서 실제 대상과 직접적인 관련을 맺고 있는 것은 아니기 때문이다. 그렇기 때문에 로크는 사고와 추론을 할 때 마음은 자신의 관념들 이외에 어떤 직접적인 대상도 갖고 있지 않다고 말한다. 로크는 다음과 같이 말한다.

> 마음은 모든 사고와 추론에 있어서 마음만이 주시하거나 주시할 수 있는 그 자신의 관념들 이외에 어떤 다른 직접적인 대상도 갖고 있지 않다. 이것을 보면 우리의 지식이 단지 관념들에만 관련되어 있다는 것은 명백하다. (4권 1장 1)

지식은 관념들 간의 일치 여부에 의해 의미를 갖는다. 지식이란 관념들이 서로 일치하는지, 일치하지 않는지를 살피는 활동에 의해 생겨난다. 관념들이 서로 일치하는지, 일치하지 않는지는 어떻게 알 수 있는가? 로크에 의하면, 그것은 지각을 통해서만 알 수 있다.

### 참된 지식은 지각을 통해서만 알 수 있다

> 그러고 보면 참된 지식은 우리들의 관념이 어떤 것과 결합하고 일치하는지 아니면 분리하여 불일치하는지에 대한 지각이다. 지각 하에서만 참된 지식은 존재한다. 지각이 있는 곳에 참된 지식이 있으며, 지각이 없는 곳에서는 이를테면 공상할 수

> 있고, 추측할 수 있고, 믿을 수 있더라도, 결코 참된 지식에 이르지 못한다. 예를 들어, '하양은 검정이 아니다'라는 것을 알았을 때, 우리는 이 두 색깔 관념이 서로 일치하지 않는다는 지각 이외에 무엇을 알 수 있겠는가. 우리들이 가장 믿을 만한 것으로서 자주 예를 드는 '삼각형의 세 각은 두 직각과 같다'는 논증을 언급할 때, 우리들은 두 직각이라는 관념이 삼각형의 세 각이라는 관념과 필연적으로 일치하며 분리할 수 없다는 지각 말고 무엇을 더 알 수 있겠는가. (4권 1장 2)

참된 지식은 지각을 통해서만 알 수 있다. 우리는 '하양은 검정이 아니다'라고 말하며, 이를 당연하게 받아들인다. 이 말은 어떠한가? 녹황색 색맹에게 '녹색은 주황색이 아니다'라고 말했을 때, 그 색맹은 어떤 생각을 할까? 그 역시 '녹색은 주황색이 아니다'라는 말을 당연히 받아들인다. 하지만 그가 생각하는 녹색은 색맹이 아닌 일반인이 생각하는 녹색이 아닐 수도 있다. 결국 우리는 '녹색은 주황색이 아니다'라는 말을 색맹이나 색맹이 아닌 일반인이나 똑같이 받아들이지만, 이때 녹색이 과연 어떤 녹색이냐에 따라서는 생각을 달리할 수가 있어서, 다시 한 번 확인해야 한다는 것이다. 즉, '녹색은 주황색이 아니다'라는 명제는 하나의 참된 지식으로 간주되는 것이지만, 색맹이 그 지식을 어떻게 받아들이고 있는지는 또 다른 문제라는 것이다. 이것을 알려면 색맹에게 녹색과 주황색을 진짜 색으로 펼쳐 보이며 어떻게 받아들이는지 확인할 수밖에 없다. 지각을 통해서만 지식이 참인지 거짓인지 확인할 수 있다는 것이다.

'삼각형의 세 각은 두 직각과 같다'와 같은 지식에서도 우리는 지각을 통해 그 지식의 참과 거짓 여부를 확인해야 한다. 각도기를 사용하는 방법도 있을 수 있고, 삼각형의 모양을 색종이로 만들고 그 삼각형의 세 모퉁이를 잘라내서 2직각이 되는지 다시 맞추어 보는 방법도 있다. 어떤 방법이 되었건 간에 우리가 하나의 지식을 받아들이려면 지각에 의존할 수밖에 없는 것이다. 다시 말해서, '삼각형의 세 각'이라는 관념과 '두 직각'이라는 관념을 일치시킬 때에만 '삼각형의 세 각은 두 직각과 같다'는 지식을 받아들이게 된다는 것이다. 지각이라는 경험을 거치지 않고 그것은 원래부터 참이었다고 말한다면, 그것은 참된 지식이라고 할 수 없다.

## 2. 지식의 정도

우리는 어떤 지식을 어느 정도 믿을 수 있는지에 관심을 가지고 있다. 예를 들어 '지구는 평평하다'라는 지식이 있었다. 이 지식은 과연 믿을 수 있는 지식인가? 중세 이전에 이 지식은 참이라고 믿는 지식이었다. 태초에 하나님께서 지구를 평평하게 창조했으니 우리가 조심해야 할 것은 지구의 끝에 있는 낭떠러지에서 떨어지지 않도록 멀리 항해하지 않는 것이었다. 하지만 나침반과 망원경이 발명되고 선박이 대형화되면서 사람들은 먼 바닷길로 떠나게 되었다. 그 후에 멀리까지 바닷길을 나갔던 사람들은 지구가 평평하지 않고 둥글다는 것을 알게 되었고 이를 지식으로 받아들인 반면, 기존의 지식에 붙잡혀 있었던 사람들은 지구가 평평하다는 사실을 지식으로 받아들이면서 살았다. 지금에 와서는 모든 사람들이 지구는 평평한 것이 아니라 둥글다는 것을 알고 있고, 그것을 지식으로 받아들인다.

이와 같이 지식은 시대에 따라 변해 갈 수 있는 것이다. 그럼

지금 이 순간에도 우리가 참이라고 믿고 있는 지식들이 나중에는 거짓이 될 수도 있는 것은 아닐까? 충분히 그럴 수 있다. 예를 들어 누군가가 '지구 이외의 별에 생명체가 존재한다'는 주장을 했다고 하자. 이 지식은 참인가, 아니면 거짓인가? 지금은 섣불리 대답할 수 없는 지식일 것이다. 그래서 그 당시의 로크도 지식이 어느 정도 참인지 거짓인지를 알고자 했다. 그래서 로크는 지식의 정도에 따라 지식을 세 가지로 분류한 것이다. 그 세 가지는 직관적 지식, 논증적 지식, 감각적 지식이다. 로크의 분류에 따라 지식을 구분해 보기로 하자.

로크는 직관적 지식을 명석하며 확실한 것에 사용되는 지식으로 지칭하며, 논증적 지식을 신의 존재 증명과 같이 논리적으로 추론해야 할 영역으로 사용한다. 감각적 지식은 가장 하위의 지식으로서 사물의 존재에 대한 지식을 말한다. 로크에게 있어서 직관은 절대 확실한 어떤 것을 말하며, 논증은 명확하여 부인할 수 없는 것을 말한다. 직관과 논증. 이 두 가지는 인식의 가늠자이다. 이 두 가지 중에서 어느 것에도 해당되지 않는 것은 추정할 수 있는 단순한 의견에 해당되며, 인식은 아니다. 우리가 인식할 수 있는 것은 모두 직관이나 논증 둘 중의 하나에 해당한다.

로크는 감각적 지식을 통해 사물의 존재를 극단적인 관념으로 보는 것을 경계하고 있다. 사물이 느끼는 대로, 보이는 대로 존재한다고 믿는 것도 아니며, 사물이 존재하지 않는다고 말하는 것도 아니다. 사물의 존재에 대해서 어느 정도 받아들이는 입장을 취하고 있다. 로크의 직관적 지식, 논증적 지식, 감각적 지식에 대한 설명은 지식을 논의함에 있어 퍽 유용한 구분법으로 받아들여지고 있다.

### 직관적 지식은 매우 명확하며 절대 확실하다

직관적 지식은 관념의 일치, 불일치를 직접 그 관념만으로 알아낼 수 있는 지식을 말한다. 대체로 인간의 판단력은 극히 취약한데 반해, 직관적 지식은 가장 명확하며 절대 확실한 것이다. 절대적 진리는 철저하게 직관에 의존한다. 직관이 없으면 우리는 절대적 지식에 도달할 수가 없는 것이다. 로크는 직관을 빛으로 비유한다.

> 우리들의 지식이 명확한지 여부는 정신이 어떤 관념의 일치 또는 불일치를 지각하는 방법의 차이에 있다고 나는 생각한다. 왜냐하면 우리는 때때로 정신이 어떤 다른 것의 간섭을 받지 않고 두 관념들의 일치나 불일치를 그것들만으로 직접적으로 지각하기 때문이다. 그래서 나는 이것을 직관적 지식이라고 부를 수도 있다. 왜냐하면 이 직관적 지식으로 정신은 진리를 증명하거나 검토하지 않고도 마치 눈이 빛을 지각하는 것처럼 단지 그 방향으로 돌리기만 하면 진리를 깨닫는 것이다. (4권 2장 1)

우리는 '전체가 부분보다 크다'는 것을 어떻게 아는가? 직관에 의해 안다. 우리는 '둥근 사각형이 존재하지 않는다'는 것을 어떻게 아는가? 직관에 의해 안다. 우리는 '하양이 검정이 아님'을 어떻게 아는가? 직관에 의해 안다. 그래서 직관적 지식은 너무도 분명하여 달리 이유를 제시하지 않아도 되는 확실한 지식이다.

## 논증적 지식은 매개 관념을 논거로 해서 증명해 간다

직관적 지식의 다음 정도는 마음이 관념의 일치, 불일치를 지각하되 직접적이 아닌 경우이다. 매개념을 논거로 해서 증명을 해 가는 지식이다. 이러한 지식을 논증적 지식이라 부른다. 마음은 별 수 없이 다른 관념을 매개시켜서 일치, 불일치를 발견해 낸다. 이것은 일종의 추리의 방법이다. 어떤 두 관념의 일치를 밝히기 위해 사용하는 매개 관념을 논거라고 부른다. 일치와 불일치가 논거에 의해 명석하게 밝혀진 경우 우리는 논증되었다고 말한다. 이 매개 논거에 의한 지식도 확실한 것인데, 그 명증성은 직관적 지식의 경우만큼 분명하지는 못하지만, 우리는 그 논증을 확실하다고 인정한다. 왜냐하면 논증에 있어서도 마음이 고찰하고자 하는 관념의 일치, 불일치를 결국에는 확인할 수 있기 때문이다. 논증의 중간 과정에서 일치, 불일치를 발견하려면 참과 거짓 사이를 끊임없이 오가면서 이성이 작동해야 한다. 논증적 지식과 직관적 지식의 차이점은 직관적 지식이 확실한 관념을 갖기에 추호의 의심도 없는데 반해, 논증적 지식은 논증되기까지 계속 의혹이 남아 있는 상태라는 점이다. 직관과 논증은 모두 지식의 정도에서 매우 신뢰할 만하다. 이 두 가지 중 하나가 아니라면 제아무리 확신을 가졌다고 하더라도 소신 내지는 의견일 뿐 지식일 수는 없다. 로크는 삼각형을 예로 들어 논증적 지식을 설명한다.

> 예를 들면, 마음은 삼각형의 세 각과 2직각과의 크기에서의 일치 또는 불일치를 알려고 하지만, 직접 바라보고 세 각과 2직각을 비교해서는 일치 또는 불일치를 알 수가 없다. 왜냐하면 삼각형의 세 각을 한꺼번에 가져와서, 어떤 하나 또는 두 각과 비교할 수는 없기 때문이다. 따라서 마음은 이것에 대해서 어떤 직접적인 진리나 직관적 진리도 가지고 있지 않다. 이 경우 마음은 어쩔 수 없이 삼각형의 세 각과 같은 다른 어떤 각을 찾아내어, 이 각이 2직각과 똑같다는 것을 발견하고 나서 세 각과 2직각이 같다는 것을 알게 된다. (4권 2장 2)

'삼각형의 세 각의 합은 2직각이다'라는 지식이 있을 때 우리는 이를 증명할 수 있다. 예컨대 삼각형의 한 외각은 삼각형의 두 내각의 합과 같다는 것을 증명함으로써 삼각형의 세 각의 합이 2직각임을 밝힐 수도 있을 것이다. 이와 같이 논증적 지식은 추리 과정을 거쳐 생겨나는 지식이다.

## 감각적 지식은 심적 지각으로 사물의 존재를 파악한다

직관이나 논증이 아니면서 지식이 될 수 있는 한 가지 예외가 있다. 그것은 감각적 지식이라고 불리는 것이다. 감각적 지식은 유한한 존재자의 개개의 존재에 관여하며, 심적 지각으로 사물의 존재를 파악한다. 외부 사물로부터 받아들이는 관념이 우리의 마음에 있는 것만큼 절대 확실할 수는 없으나, 이것이 관념인 한에서 지식일 여지는 갖고 있다. 감각적 지식은 우리의 외부에 있을지도 모를 존재를 추론할 수 있을 것이라는 전제에서 나온다. 왜냐하면 그런 사물이 없고 그런 감관을 감촉하지 않을 경우에 사람들은 쉽게 사물의 존재를 인정하지 못하게 되고, 그 경우 모든 것을 의심하는 마음만을 갖게 되기 때문이다. 그렇게 되면 아무런 관념도 이 세상에 존재하지 않게 되고, 회의론에 빠질 수밖에 없다. 그러므로 감각적 지식을 인정하지 않을 수 없으며, 이는 사물의 존재를 요청하는 것으로도 볼 수 있다. 사물의 존재를 전제한 상태에서 감각적 지식은 심적 지각으로 사물의 존재를 파악한다.

감각적 지식은 마음의 상태에 영향을 많이 받는다. 예컨대 허기진 배를 부여안고 집 안으로 들어설 때, 우리는 집 안에서 퍼져 나오는 냄새를 맡을 수 있다. 밥 짓는 냄새이다. 배가 고프면 고플수록 밥 짓는 냄새를 더 정확하게 맡을 가능성이 크다. 배부른 사람이 어쩌면 못 맡을 수도 있을 냄새를 배고픈 사람은 정확하게 맡을 수 있다. 그리하여 '이 냄새는 밥 짓는 냄새다' 라고 확신할 것이다. 이렇게 얻어진 지식이 감각적 지식이다. 이 감각적 지식은 때때로 확실하지 않을 수도 있으나, 그렇다고 모두 무시해 버릴 지식은 아니다. 감각적 지식에 대한 로크의 글을 살펴보자.

> 단순히 마음속의 그 같은 관념 이상의 그 무엇이 있는지 어떤지를 절대 확실하게 추론할 수 없을 경우 의문을 제기하는 사람도 있을 것이다. 왜냐하면 그런 사물이 없고, 그런 사물이 감관을 감촉하지 않을 경우에는 사람들의 마음에 그 같은 관념이 있는지는 모르기 때문이다. 그러나 나는 이 경우에도 의심할 여지 없는 명증성을 가지고 있다고 생각한다. 감관에 의해 현실적으로 마음에 들어오는 관념은 별개의 두 관념의 차이를 알아내는 것만큼 쉽게 찾아낼 수 있다. (4권 2장 14)

## 3. 신의 존재 증명

### 신의 존재 증명은 가능하다

로크는 신이 존재한다는 확신을 가지고 있다. 논증적 지식을 사용하면 증명할 수 있다고 하였다. 로크는 신 관념이 생득관념이 아니라고 말하고 있으나 신의 존재는 확실하다고 생각한다. 로크는 "신은 자기 자신의 존재를 우리에게 생득관념으로 제공하지 않았으나, 즉 신이 존재한다는 것을 우리 마음에 각인시키지는 않았으나, 우리 마음에 신의 존재를 인식할 수 있는 기능을 갖추어 놓았다"고 말한다. 신은 자기 자신을 확실하게 드러내지는 않았지만 완전히 숨겨 놓지도 않았다는 것이다. 그렇기에 우리는 감각과 지각과 이성이 있어서 신의 존재를 증명해 갈 수 있는 길을 확보하고 있다는 것이다. 신의 존재를 증명하는 길을 잘 찾아가면, 신이 존재한다는 확신을 얻을 수 있다. 신의 존재를 증명할 수 있다는 것이 로크의 주장이다. 로크의 말을 직접 인용해 보자.

애당초 신은 자신의 생득관념을 우리들에게 주시지 않았으나, 다시 말해서 당신의 존재 여부를 우리들이 읽을 수 있는 본원적 문자로 우리들의 마음에 새기지는 않으셨지만, 우리가 지닌 모든 기능을 우리들에게 제공하셨으므로, 당신의 존재를 암묵적으로 방치하지는 않았다. 그것은 우리가 감각 · 지각 · 이성을 가진 본연의 모습으로 돌아온다면 신의 존재 증명을 반드시 명석하게 할 수 있다는 의미이다. 그렇기에 이 중요한 관점에 대해 우리 자신이 무지하다고 한탄하는 것도 옳지 않다.

왜냐하면 신은 우리들의 존재의 목적에, 즉 우리들의 행복에 신을 발견하고 깨닫는 수단을 매우 넉넉하게 갖추어 놓으셨기 때문이다. 신의 존재라는 것은 이성이 발견한 가장 또렷한 진리이고, 또 그 증명은 수학적인 절대적 확실성과 같다. 그럼에도 불구하고 신의 존재 증명은 사고와 주의를 필요로 하며, 우리들의 직관적 진리의 어떤 부분에서 규칙적으로 연역하도록 힘쓰지 않으면 안 된다. 그렇게 하지 않으면 신이 존재한다는 명제는 다른 명제, 즉 너무도 당연하여 증명할 필요가 없는 명제로 다루게 된다. 이 경우 우리는 신이 존재한다는 것을 알 수 없게 된다. 신의 존재를 아는 것, 신의 존재가 확실하다고 하는 것은, 그런 것을 증명할 수 있다고 말하고, 또 어떻게 하면 이 절대 확실한 지식을 얻을 수 있는가를 알아내기 위하여 노력하는 것이다. 우리 자신의 존재에 대해서 확실한 진리를 확보하는 것이 가장 좋은 방법이라고 생각한다. (4권 10장 1)

신이 왜 자신의 존재를 숨기지 않았을까? 우리 인간이 신을 발견하고 찾아간다면 그것은 인간에게도 도움이 되는 것이기 때문이다. 신을 발견하고 찾아가는 과정은 누가 하는가? 이성이 한다. 증명은 어떻게 이루어지는가? 수학과 같이 논증을 통해 이루어진다. 논증을 통해 우리 인간이 해야 할 바는 무엇인가? 우리 자신의 존재에 대해 확실한 진리를 확보하는 것이다. 이상의 내용이 로크가 인용문에서 보여 주는 내용이다. 이러한 로크의 생각은 우리 인간이 우리 자신의 존재에 대해 보다 확실한 진리를 찾아야 신이 존재한다는 것을 증명할 수 있다는 점을 보여 주는 것이라고 할 수 있다.

## 인간 존재의 기원으로서의 신은 존재한다

로크에게 있어서 신의 존재 증명은 두 가지 방식으로 가능하다. 하나는 인간 존재의 기원으로서의 신의 존재 증명이다. 즉, 이 세상에는 인간이 존재하고 있는데, 그 존재는 출발점이 있어야 하고, 그 출발점을 만들어 낸 존재가 신일 수밖에 없다는 증명 방식이다. 또 다른 증명 방식은 전지적인 전능자로서의 신의 존재 증명 방식이다. 즉, 시계 제조공이 시계를 의도를 가지고 계획적으로 만들었듯이, 이 세상이 존재하는 것도 우연히 존재하는 것이 아니라 전지적인 신이 존재하여 계획적으로 창조하였기 때문이라는 것이다. 로크에게 있어 신의 존재는 분명하다. 인간 존재의 기원으로서의 신의 존재에 대해 먼저 로크의 말부터 살펴보자.

> 무릇 모든 존재는 시작이 있다. 존재에는 그 존재를 생기게 한 다른 존재가 있는 것이다. 그래서 우리는 존재가 시작된 시점에 주목하게 된다. 이 존재가 가진 모든 능력은 같은 원천에 뿌리를 박고, 같은 원천에서 받아들이지 않으면 안 된다. 그러고 보면 모든 존재자의 이 영원한 원천은 모든 능력의 원천과 기원이 아니면 안 된다. 따라서 이 영원한 존재자는 가장 능력이 있는 존재가 아니면 안 된다. (4권 10장 4)

인간은 자기가 존재한다는 것을 확실하게 알고 있다. 인간이 존재한다는 것이 확실하다면, 그 인간은 존재자이지 '비존재'가 아니다. 비존재는 아무것도 만들어 낼 수 없다. 이는 마치 인간이 살아 있는 존재자이기에 물건을 만들어 낼 수 있는 것처럼, 실재하는 어떤 존재자가 있어야 인간을 만들어 낼 수 있다는 주장을 가능케 한다. 이 점은 어떤 점에서 직관에 해당한다. 무릇 존재하는 사물은 자신을 존재하게끔 해 준 존재를 필연적으로 요구한다. 왜냐하면 사물은 스스로 존재하는 자가 아니기 때문이다. 이것은 모든 존재하는 자에게 해당된다. 그리하여 존재자의 영원한 원천이 필요한 것이다.

인간이 생각하는 존재자는 이 세상에 두 가지가 있다. 첫째는 순수하게 물질적이어서 감각도 지각도 생각도 없는 것, 둘째는 인간과 같이 감각하고 사고하고 지각하는 것. 이 두 가지를 각각 생각하지 않는 존재자와 생각하는 존재자로 부를 수 있다. 그런데 영원한 어떤 것이 반드시 있어야 한다면 어떤 종류의 존재자라야 할 것인가? 그 대답은 반드시 생각하는 존재자라야 할 것이다. 왜냐하면 비존재가 저절로 물질을 낳을 수는 없듯이, 적어도 생각하지 않는 존재자인 물질이 어떤 생각하는 존재자를 낳는다고 말할 수는 없기 때문이다.

인간은 자기 자신 속에서 지각과 지식을 발견한다. 인간 역시 생각하는 존재자이다. 그런데 인간이 인간을 만들었다고 볼 수는 없다. 인간보다 더 능력이 있는 생각하는 존재자가 인간을 만들 수밖에 없다. 그리하여 우리는 한 걸음 더 나아가 단순히 어떤 생각하는 존재자가 아니라 예지적인 어떤 초월자가 이 세계에 있다는 것을 확신하게 된다. 신은 생각하는 존재자이며, 예지적인 초월자이다. 그리하여 신의 존재는 불가피하다.

이렇게 해서 우리의 이성은 우리를 인도하여, 확실하며 명백한 진리를 알게 한다. 로크는 영원하며 전지전능한 존재자가 있다는 것을 진리로 받아들인다. 그리고 그 존재자를 우리는 '신'이라고 불러왔다고 말한다. 로크에 따르면, 영원하며 전지전능한 존재자가 신이라는 것은 분명한 사실이다. 이 관점을 견지하면 영원한 존재인 신으로부터 다른 존재자들의 속성을 드러낼 수 있게 된다.

### 전지적 능력을 가진 신은 존재한다

신의 존재 증명은 다른 각도에서도 가능하다. 우리는 우리가 만들거나 발견해 낸 물체에 대해 잘 알고 있다. 그리고 우리가 만들거나 발명한 어떤 물체가 있을 때 그 물체의 원리를 잘 이해한다. 여기에 하나의 시계가 있다고 하자. 그 시계는 제작된 원리에 따라 정확하게 시간을 알려 준다. 만약 누군가가 시계를 만든 사람도 없이 시계가 스스로 존재하게 되었다고 말한다면, 우리는 그 말을 믿으려 하지 않을 것이다. 시계가 시간에 맞게 정확하게 움직이는 것은 시계공이 있기 때문이라고 우리는 믿는다. 그러하기에 시계 제조공이 작은 종잇조각 하나로 시계를 멈추게도 하고, 그 종잇조각을 치워 시계를 움직이게도 할 수 있다는 것을 우리는 당연하게 받아들인다. 그리고 그는 기계의 작은 부분을 줄 톱으로 문질러서 시계를 움직이게도 하고, 나사를 빼내어 시계를 멈추게도 한다. 결론적으로 말해서, 시계 제조공이 없으면 시계가 존재할 수 없는 것처럼, 신이 존재하지 않으면 인간은 존재할 수 없다는 것이다. 그러므로 신은 존재하며, 그 신은 인간과 사물 모두를 만들고 원리를 생성해 냈으며, 모든 것을 잘 알고 있다. 로크의 직접적인 설명은 다음과 같다.

나아가 인간은 자기 자신 속에서 지각과 지식을 찾아낸다. 여기에서 우리는 한 걸음 더 나아간다. 단순히 어떤 존재자가 있는 것이 아니라, 예지적인 어떤 전지자가 이 세계에 있다는 것을 확실하게 인정해 버린다. 따지고 보면 두 가지 경우만 가능하다. 존재자가 없었을 때, 즉 지식이 생겨나기 이전의 상태와 영원 전부터 전지한 어떤 존재자가 있어서 지식이 생겨났을 때이다. 그 둘 중의 하나만 가능하다. 이를테면 존재자가 아무 지식도 없었을 때, 영원한 존재자가 아무런 오성도 갖지 않았을 때, 그런 때가 있었다고 누군가가 말한다면, 나는 다음과 같이 대답하겠다. 그런 경우에는 지식이 절대적으로 있을 수 없었을 것이라고. 왜냐하면 지식이 전혀 없이 맹목적으로 작용하는 지각은 있을 수 없으며, 그 경우 아무런 존재자도 낳을 수 없기 때문이다. 이는 마치 삼각형이 자기 자신을 2직각보다 큰 세 각이라고 말할 수 없는 것과 같다. 감지하지 못하는 물질이 자체 안에 감각 · 지각 · 지식을 주입한다는 것은, 물질의 관념에 일치할 수 없는 것이다. (4권 10장 5)

이렇게 해서 우리의 이성은 우리를 인도하여 다음과 같은 절대 확실하며 명백한 진리를 알게 한다. 즉, 어떤 영원하고, 가장 능력 있고, 가장 잘 아는 존재자가 있다는 것을 알게 한다. 이것을 '신'이라고 부르고 싶어 하는 사람이 있다는 것은 문제가 되지 않는다. 그러한 존재자가 있다는 것은 명백한 사실이며, 이 관념을 올바르게 고찰하면, 이 영원한 존재자로부터 우

리가 귀속시켜야 할 모든 다른 속성은 쉽게 연역할 수 있을 것이다. (4권 10장 6)

# 4. 이성과 신앙

## 신앙은 이성과 관계 있다

이성이란 무엇일까? 이성이라는 말은 여러 가지 의미를 가진다. 누군가가 '내일 시험이 있어서 술을 마시지 않았어'라고 말한다면, 우리는 그에게 '너의 행동은 이성에 입각한 행동이었어'라고 말할 수 있을 것이다. 이때의 이성은 합리적인 추론을 의미한다. 또한 우리는 '우리가 미적분 문제를 풀 수 있는 것은 우리의 마음에 이성이 있기 때문이야'라고도 말할 수 있다. 이때의 이성은 논리적인 추론을 의미한다. 즉, 우리는 어떤 합리적인 추론을 할 때 이성이라는 말을 사용하기도 하고, 논리적인 추론을 할 때 이성이라는 말을 사용하기도 한다. 로크는 이성을 인간과 동물을 구별하는 기준이라고 생각한다. 인간이기에 이성은 꼭 필요한 것이다. 확실한 지식을 찾아내기 위해서도, 명제의 진실 여부를 판단하기 위해서도 이성은 필요하다. 이성은 올바름을 찾아내는 기능을 한다.

그렇다면 신앙이란 무엇일까? 신앙은 신을 믿는 믿음을 말한다. 인간은 연약한 존재이기에 어려움에 봉착하면 다른 그 무엇인가에 의존하게 된다. 이때 주로 의존하게 되는 존재가 신이다. 인간은 신에 의존하여 자신의 연약함을 해결하고자 노력한다. 이때 신앙이 생겨난다. 신을 믿는 것이다.

신을 믿을 때 사람들은 이성을 사용하는가, 그렇지 않은가? 신앙을 가진 많은 사람들은 이성이 자신들에게 도움이 된다면 기꺼이 이성을 이용하려 든다. 그리고 이성이 도움이 되지 않을 경우엔 신앙 문제이므로 이성을 초월하라고 말하기도 한다. 우리는 여기서 신앙과 이성 사이에 어떤 경계선을 설정해 두어야 할 필요성을 느낀다. 이와 같은 생각을 직접 표현한 로크의 글을 먼저 살펴보자.

내가 알아낸 바로는 모든 종파는 이성이 자신에게 도움이 된다면 기꺼이 이성을 이용하며, 이성이 도움이 되지 않는다면 그 일은 신앙의 문제로서 이성을 초월한다고 외친다. 나는 이런 사람들이 신앙과 이성의 엄밀한 경계를 세우지 않고 어떻게 각각의 구실을 내세우는 사람들과 의논할 수 있으며, 반대자를 승복시킬 수 있는지 알 수 없다. 그러므로 이 신앙과 이성의 경계야말로 신앙과 관련된 문제를 다룸에 있어 다른 어떤 문제보다 먼저 확립해 놓지 않으면 안 되는 문제이다. (4권 18장 2)

그렇다면 신앙과 관련된 문제를 어떻게 다루어야 할 것인가? 신앙을 다룰 때 이성을 배제시켜야 할 것인가? 아니면 이성의 범위 내에서 다루어야 할 것인가? 어떤 면에서, 신앙이 신으로부터 온다는 말은, 신앙은 이성의 논증이 아니라 신적인 계시라는 의미이다. 로크는 이 문제를 어떻게 다룰까?

로크는 이성의 영역과 신앙의 영역을 구별해 내고, 이성은 논리의 영역에, 신앙은 계시의 영역에 포함시킨다. 그러나 로크가 신의 문제를 이성의 영역과 신앙의 영역, 어느 한쪽에만 속하게 하지는 않는다. 이성만을 지나치게 강조할 경우 무신론에 빠지며, 신앙만을 지나치게 강조할 경우 광신론에 빠질지도 모른다는 경계심 때문이다. 로크는 이성과 신앙을 개념적으로 구분하면서 이성과 신앙이 서로 간의 단점을 보완한다고 생각했다. 즉, 이성은 신앙의 도움을 받아 신의 존재를 증명해 내고, 신앙은 이성의 도움을 받아 신에 대한 합리성을 확보한다는 것이다.

## 신앙과 이성은 구분되어야 한다

신앙과 이성의 영역을 구분하지 못한다면 종교 문제에 이성이 올바르게 개입할 여지는 없어진다. 그럴 경우, 몇몇 종파에서 찾아볼 수 있듯, 상식을 벗어난 주장이 난무해도 비난할 여지가 없을 것이다. 이 경우 "불가능하기에 나는 믿는다"라는 말이 가능한데, 이 말은 신앙심 깊은 사람에게는 열광적 신앙에 대한 경구로서 통할지 모른다. 그러나 자신의 종교와 다른 종교를 강요당할 경우, 신앙은 이성을 떠나서 맹목적인 추종이 되거나 강요가 되어 광신으로 옮겨 가게 된다. 그러면 광신자를 통제할 수단을 이성 속에서 찾을 수 없게 된다. 즉, 신앙과 이성을 구분하지 못하여 광신이 생긴다. 로크의 말을 직접 들어 보자.

신앙과 이성의 영역이 앞에서 말한 각 경계에서 판명되지 못했다면, 종교 문제에서 이성이 개입할 여지는 전혀 없으며, 세계의 몇몇 종파에서 찾아볼 수 있는 상식을 벗어난 주장이나 의식도 비난할 수가 없다. 왜냐하면 이성에 대립하여 신앙을 부르짖게 되면, 인류 속에 존재하는 거의 모든 종교들은 많은 사람들에게 상당한 정도의 불합리함을 초래할 수 있기 때문이다. 즉, 사람들이 종교상의 문제에서는 아무리 박식하고 그래서 모든 진리의 원리 자체에 모순이 되어도, 이성적으로 논의를 해서는 안 된다는 잘못된 주장을 하나의 원리로 채택해 버리기 때문이다. 즉, '불가능하기에 나는 믿는다'라는 말은 신앙심 깊은 사람들에게는 열정적 신앙에 대한 경구로서 통할지 모르나, 자신의 주장이나 종교에 의해 선택하려고 하는 사람들에게는 매우 몹쓸 규칙임을 결국은 알 수 있을 것이다. (4권 18장 11)

# 5. 학문의 구분

## 학문은 자연학, 윤리학, 기호학으로 구분된다

로크는 학문을 세 가지 갈래로 구분하고 있다. 첫째는 자연학, 둘째는 윤리학, 셋째는 기호학이다. 첫 번째 자연학에는 자연과학과 사회과학 등 사실적인 문제를 다루는 학문이 포함된다. 두 번째는 윤리학인데, 가치를 다루는 모든 학문이 포함된다. 세 번째는 기호학인데, 기호학에는 논리학과 언어학이 포함된다. 기호학에서 인식론적 · 철학적 논의가 가능하다고 할 수 있다. 로크의 말을 계속해서 직접 확인해 보자.

학문엔 세 종류가 있다. 인간 오성의 범위 안에 둘 수 있는 것은 다음의 세 가지이다. 첫째 사물의 본성과 관계와 작용에 대해 많이 아는 것, 둘째 이성과 의지를 가진 능동자로서 인간이 행복을 얻고자 할 때 해야 할 일을 아는 것, 셋째 사물과 인간

상호 간의 기호를 획득하고 그 기호를 전달하는 방법을 아는 것이다. 오성의 구분에 따라 나는 학문을 다음의 세 종류로 나누는 것이 적절하다고 생각한다. (4권 21장 1)

첫째로, 고유한 존재 양식으로서의 사물의 조직과 특성, 작용에 대한 지식이 자연학이다. 자연학이 단순히 물질, 물체만을 의미하는 것은 아니다. 사물의 고유한 본성, 관계, 작용을 가진 정신도 의미한다. 물체에 대한 지식과 사물의 정신에 대한 지식을 나는 자연학이라고 부른다. 여기서의 자연학은 단순히 과학의 영역만을 말하는 것이 아니라, 사물이나 정신에 대한 학문 전체를 일컫는다. 이 학문의 대상은 어디까지나 단순한 사변적 원리도 포함한다. 그래서 사변적 진리를 대상으로 하는 것이라면 신이건 천사이건 아니면 정신이건 물체이건 혹은 수이건 형태이건 무엇이나 이 학문에 속한다. (4권 21장 2)

둘째로, 선하고 올바른 행위를 할 수 있도록 도덕적 역할을 담당하는 것이 윤리학인데, 이 학문은 행복에 이르는 인간 행동의 규칙과 척도와 실천 수단을 찾아내는 것이다. 이 학문의 목적은 단순한 사변이나 진리에 대한 지식의 추구가 아니라 올바른 행동과 그에 적합한 행위 원리를 추구하는 것이다. 실천적인 원리를 찾아 원칙을 만들고, 그 원칙에 따라 실천하려는 동기를 부여하는 학문이다. (4권 21장 3)

셋째로, 기호학이라고 부를 수 있는 것인데, 기호의 가장 보편적인 부분은 언어이므로 논리학이라고 이름 짓는 것도 매우 적절할 것이다. 이 학문의 목적은 사물을 이해하고 사물의 지식을 타인에게 전달하기 위해 마음이 사용하는 기호의 본성을 고찰하는 일이다. 기호의 본성을 고찰하는 것은 사물만의 고찰이나 마음만의 고찰로는 이루어지지 않는다. 마음이 생각하는 사물과 사물이 드러내는 마음, 둘 사이의 관계를 고찰해야 하며, 이는 기호의 탐색으로 가능하다. 이것은 인간 오성을 살펴보아야 가능한 일이다. 오성은 사물의 기호를 드러내면서 관념을 만들어 낸다. 관념은 타인이 직접 들여다볼 수가 없으며, 기억이라고 하는 매우 불확실한 창고 속에서만 축적할 수가 있다. 그러므로 우리의 사상을 자기 자신이 써 먹기 위해서 기록할 뿐만 아니라 상호 간에 전달하기 위해서도 관념의 기호는 필요한 것이다. 사람들이 찾아낸 가장 편리한 일반적인 기호는 언어이다. 그래서 지식의 주요한 도구로서의 언어에 대한 고찰은, 인식을 전체 범위에 걸쳐서 살펴보려고 하는 자에게 중요하다. 관념과 언어의 관계를 분명하게 추리하고 올바르게 고찰한다면, 우리가 이제까지 알고 있는 것과는 다른 논리학과 인식론의 영역을 찾아낼 수 있을 것이다. (4권 21장 4)

학문의 구분은 우리의 오성에 대한 자연스러운 구분일 뿐만 아니라 최초의 가장 일반적인 구분이라고 생각한다. 다시 말하면 사물 자체를 숙고하든지, 자기 행복 추구와 같은 자신의 행동을 탐색하든지, 아니면 마음이 사용하는 기호에 따라 지적인 세계를 추구하든지 하면서 진리를 발견해 나간다. 이 세 가지, 즉 그 자체로서 알려질 수 있는 사물, 행복을 위한 나 자신의 도덕적인 행동, 지식을 위한 기호의 올바른 사용법은 서로가 각 영역을 확보하고 있으며, 지적 세계에서 서로 분리된 것이다.

보론

# 인간의 오성 속에 담겨 있는 철학의 보물찾기

# 1. 존 로크의 생애

## 1. 어린 시절과 청소년 시절

존 로크(John Locke)는 1632년 영국 서머싯 주의 링턴 마을에서 태어났다. 로크가 태어나자 그의 어머니 애그니스 로크는 그를 데리고 펜스퍼드로 되돌아갔다. 펜스퍼드는 그녀가 1630년 이래 남편 존 로크 1세와 함께 살아온 곳이다. 펜스퍼드는 17세기 영국에서 두 번째로 규모가 큰 항구 도시였다. 펜스퍼드에서 로크의 가족은 커다란 농토를 가진 농가에서 살았다. 할아버지 니콜라스 로크가 도싯에서 서머싯으로 이사할 때 그 농가를 샀었다. 그는 그 농가를 자신의 아들에게 넘겨주었고, 이 집에서 존 로크는 어린 시절을 보냈다.

어린 시절 로크는 가정에서 아주 엄격한 교육을 받았다. 아버지는 매사에 철저한 사람이었다. 로크의 잘못을 쉽게 넘어가지 않았다. 그는 도서관을 하나 소유하고 있었는데, 로크가 그곳에서 책을 읽기를 원했다. 그는 아들이 나이가 어릴 때에는 엄격하게 대하고 나이가 들면서부터는 차츰 부드럽게 다루는 교육 방식을 택했다. 로크는 커 가면서 아버지의 교육 방식을 받아들였으며, 아버지를 믿고 따랐다. 아버지도 로크를 사랑으로 대했다.

로크가 어린 시절 서머싯에서 학교에 다녔는지는 분명치 않다. 부모나 가정교사에게서 교육을 받았거나 펜스퍼드의 교장 선생님이나 교구의 수도원장으로부터 배웠을 것이라는 추측만 있다. 그는 어린 시절 교회에서 많은 시간을 보냈다. 이곳에서 많은 가르침을 받았다. 이러한 교회의 가르침이 그가 어른이 되었을 때에도 신앙을 지켜 나갔던 이유가 된다.

웨스트민스터 학교에서 로크는 많은 학문적 지식을 획득했다. 이러한 지식은 로크가 훗날 정치를 하거나 사상을 전개할 때 많은 영향을 행사하게 된다. 웨스트민스터 학교에서 그는 지적인 호기심과 배움에 대한 욕구를 펼쳐 보이기 시작한다. 배움의 주요 대상은 고전어이다. 라틴어와 그리스어를 배우고 히브리어와 아랍어를 익힌다. 또한 지리학에도 관심을 갖게 되는데, 이는 나중에 성인이 된 로크가 기행문과 이국의 풍속 등에 관심을 기울이게 된 밑거름이 된다.

## 2. 대학 시절

로크는 옥스퍼드 대학에 장학생으로 입학하길 원했다. 그는 이러한 바람을 이루고자 열심히 공부했다. 드디어 1652년 5월 옥스퍼드의 크라이스트처치 칼리지에 장학금을 받으면서 입학할 수 있게 되었다.

1652년 스무 살이 된 로크가 옥스퍼드 대학에 입학했을 때, 영국은 시민전쟁의 혼란이 걷히고 어느 정도 평온을 유지하고 있었다. 의회는 개혁을 단행하여 대학의 질서를 세워 갔다. 찰스 1세 치하와 시민전쟁 동안에 옥스퍼드에 퍼져 있던 나태와 방종이 어느 정도 사라졌다. 로크 당대의 옥스퍼드 대학생들은 누구나 첫 3년 동안은 반드시 모든 강의에 참석해야 했으며, 매일 적어도 두 번은 교회의 설교를 듣고 그것을 암송해야 했다. 대학의 분위기가 많이 새로워졌으나, 로크는 이러한 대학 생활에 대해 갑갑해 했다.

17세기 옥스퍼드 대학은 배움의 형식과 내용 면에서 중세 스콜라 학파와 별로 다르지 않았다. 대학생들은 학사 학위를 취득하는 과정으로 3년 반의 기간을 주로 고전어와 형이상하과 논리학에 할애했고, 대학 교수들에 의한 강의와 수업 이외에도 중세의 토론 훈련에 참가해야 했다. 이 토론 훈련은 학생들이 주어진 테마를 전통적인 논리학을 이용하여 방어하거나 반박하는 것이다. 자신의 생각에 따른 합리적인 방어와 반박이 아닌, 이미 결론이 난 주장을 단지 합리화시키기 위해 논리학의 기교적인 부분을 이용하는 것이었다. 로크는 훗날 이러한 중세적인 교육 방식을 신랄하게 비판했다.

로크는 큰 키와 호리호리한 체구와 연약한 골격을 소유하고 있었지만, 학문에 있어서는 열심히 노력하는 학구파였다. 그가 법률 학교에 지원하여 성공한 것도 그의 이러한 노력과 무관하지 않았다. 로크는 자신의 노력으로 본인이 가고자 하는 학교를 선택할 수 있었다. 1656년 12월 마침내 런던의 그레이 법률 학교에 입학하였다. 하지만 로크는 법률보다는 철학을 하고 싶었다. 법률가의 길보다는 철학 공부를 더 좋아해, 대학원에서 계속 공부하기로 한 것이다. 그리하여 그는 법률가의 길을 포기하고 마침내 옥스퍼드에 남아 석사 학위를 따기로 결심했다.

그는 철학사를 공부했으며, 아리스토텔레스를 중심으로 하는 자연철학을 연구하기 시작했다. 석사 학위를 받은 후 로크는 그 당시의 관례에 따라 선임 연구원이 되었으며, 크라이스트처치 칼리지의 교수단의 일원이 되었다. 대학 강사로서의 로크의 생활이 시작된 것이다.

### 3. 학문적인 배경

로크는 새로운 철학 이론들에 몰두하고 있었다. 새로운 철학으로 간주되는 것 가운데 르네 데카르트의 철학이 있었다. 대학의 철학이 아닌 데카르트의 철학이 로크의 철학적 문제에 대한 진정한 관심을 일깨웠다. 로크는 데카르트의 작품을 라틴어 원본과 프랑스어 저술의 영역본으로 읽어 나갔다. 그 당시의 대학은 아리스토텔레스와 스콜라 철학이라는 형이상학에만 정신을 쏟고 있었지만, 이미 데카르트 철학은 영국의 지성인들에게 영향을 끼치고 있었다. 영국의 지성인들은 데카르트의 이론에 대해 매우 진지하게 논쟁을 전개했다. 데카르트의 주장은 논점이 분명하고 논의가 논리적이어서 로크를 사로잡았다. 데카르트 철학이 스콜라 철학에 대해 비판을 하며 수학을 높이 평가한 점도 로크에게 긍정적으로 받아들여졌다. 인식론에 대한 데카르트의 깊은 사색도 로크에게는 매력적이었다. 데카르트는 끊임없는 의심을 한 후에 절대적으로 분명하고 아무리 어림잡아도 더 이상 의심할 수 없는 앎의 토대를 구축하고자 했다. 데카르트는 모든 것을 의심해 보고 난 후에 의심하고 있는 자신의 존재를 인정하지 않을 수 없다는 주장을 폈는데, 이러한 그의 주장은 로크에게 인식의 문제로 다가왔다.

로크는 인식론에서 데카르트의 문제 제기에 관심이 있었으나, 정작 그렇게 제기된 문제들에 대해서는 데카르트의 중심 학설을 매우 날카롭게 비판했다. 이러한 비판을 거쳐 로크의 『인간 오성론』이 탄생한다.

로크가 학문적 영향을 입은 사람은 데카르트 외에도 또 다른 프랑스 철학자가 있었다. 피에르 가상디가 바로 그다. 가상디는 데카르트와는 다른 관점을 가지고 있었다. 그는 자연과학과 고대의 원자론의 관점에서 데카르트를 비판한다. 가상디는 데카르트에게 있어서 실체는 신이 인간에게 부여한 절대적인 본질이 아니라고 주장한다. 가상디의 주장은 그 당시의 과학 발전에 따른 것이다. 즉, 실체는 원자 혹은 미립자에 해당하는 것이라는 주장에 따른 것이다. 가상디의 이러한 주장에 힘입어 17세기에 원자론이 다시 부활하였다. 가상디의 데카르트 비판은 여러 가지 점에서 로크의 주장과 닮아 있다. 로크 역시 데카르트의 생득관념은 존재하지 않는다고 주장했다. 로크와 가상디 모두 인식의 가능성을 부정하는 급진적인 회의주의의 편에도 서지 않고, 사람의 인식 능력에 대해 과도한 믿음을 갖는 데카르트의 입장도 취하지 않는다. 인간의 인식 능력은 불가능하지도 않지만 맹신할 것도 아니라는 입장을 견지했다. 가상디는 1647년 천문학에 관한 저술을 완성했는데, 이 저술에는 천문학의 새로운 성과들이 요약되어 있었다.

이러한 성과를 받아들이면서 로크는 처음으로 실험의 모양을 갖춘 자연과학에 대한 관심을 키워 나갔다. 자연과학에 대한 연구를 더욱 넓혀 가던 로크에게 근대 화학의 토대를 이룬 로버트 보일과의 만남은 매우 중요한 의미를 띤다. 보일은 연금술사들의 마술 이론을 공박하고, 물질의 실체에 대한 우리의 앎이란 관찰과 실험을 토대로 얻어지는 것이라는 견해를 밝힌다. 처음부터 왕립학회의 회원이었던 보일은 개인 소유의 옥스퍼드 실험실에서 활동하였다. 로크는 그들의 모임에 합류하여 직접 실험을 실시하기도 했다.

로크는 1660년에 보일을 알게 되었으며, 일생 동안 그와 더

불어 가깝게 사귀었다. 로크는 보일의 출판물이 나올 때마다 구입하여 탐독했다. 보일의 생각은 로크에게 자연과학적 사실을 제공했는데, 이것은 로크의 인식론적 철학 사상에 크게 기여했다. 보일은 자연과학의 연구 외에도 방법론적인 사색, 즉 경험적인 자연 연구에서의 가설의 역할에 관심을 갖고 있었다. 보일이 이용했던 가장 중요한 가설은 데모크리토스에서 유래한 원자론이었다. 이 원자론에 따르면, 사람의 모든 신체에 공통적인 단위 물질은 사람의 의식에는 포착되지 않는 가장 작은 부분으로 이루어진다. 이러한 공통의 작은 부분을 우리는 원자 또는 미립자라고 부른다. 이 원자 또는 미립자는 우리에게 인식되지 않는다 하더라도 각각 고유한 형태와 일정한 크기를 갖춘 것으로 생각되어야 한다. 다양한 신체의 성질은, 이 원자론에 따르면, 원자의 서로 다른 위상과 여러 본질적인 성질에서 발생한다. 로크도 이러한 가설을 받아들여 그 가설이 그의 인식론과 학문적 성찰에 보탬이 되도록 한다. 그러나 로크가 비록 자연과학에 계속 몰두하였다고는 하여도 그를 자연과학도라고 부를 수는 없다. 그가 인식론의 연구를 통해서 자연과학적인 토대를 세웠다는 데 그의 학문적 기여가 있을 뿐이다.

### 4. 애슐리 경과의 만남

로크는 우연한 기회에 정치에 다가가게 되었다. 그는 옥스퍼드에서 우연한 계기로 애슐리를 알게 되었다. 애슐리는 당시 경(Lord)이었지만, 나중에 샤프츠베리 백작 1세가 되는 인물이다. 1666년에 애슐리는 인근의 아스트로드 온천에 약수를 마시러 왔다가 로크를 만나게 된다. 헤어진 이후에도 그는 로크를 잊지 못했다. 의학과 그 밖의 학문 영역에 대해 로크와 나눈 이야기와 그의 식견을 이 정치가는 잊을 수 없었다. 차후에 애슐리는 로크를 자신의 개인 의사로 채용한다. 로크는 1668년 샤프츠베리에게 인상적인 일을 하게 된다. 곪아 버린 간 종양을 수술함으로써 샤프츠베리 백작의 목숨을 구한 것이다. 샤프츠베리 백작은 그 성공적인 수술 이후 자연히 로크를 더욱 귀하게 여기게 되었다. 로크는 그의 생명의 은인이었던 것이다. 이제 로크는 그의 주치의뿐만 아니라 그의 아들과 손자의 교육 이외에도 정치 자문과 비서직을 수행하게 되었다. 로크는 애슐리 경의 개인 의사이면서 정치가로서의 발전을 도모하게 되었다. 그 후 학자로서의 면모를 갖추게 된다. 그는 왕립학회가 자리하고 있던 런던에서 자신의 자연과학에 대한 관심을 깊이 추구할 수 있게 되었다. 성직 절차를 밟거나 옥스퍼드에 상주하지 않아도 옥스퍼드 대학의 강사직과 장학금이 주어져 옥스퍼드 안에서 그의 지위가 안전하게 확보되었다. 런던은 1675년까지 그의 주거지가 되었다. 런던으로 옮긴 것은 로크의 남은 인생 여정에 결정적인 의미를 갖는 것이었다. 왜냐하면 런던은 정치 활동의 중심지였으며, 샤프츠베리와 정치 생명을 함께 하는 계기가 되었기 때문이다. 샤프츠베리 백작의 정치 이력의 기복은 이후 로크의 개인적 행운을 좌우하는 기준이 되었다. 정치사상과 정치 행위에서 로크는 샤프츠베리 백작과 생사고락을 함께 했다고 말해도 과언이 아니다.

## 5. 샤프츠베리 백작의 죽음과 네덜란드로의 망명

그 당시 영국의 정치 현실에서는 왕당파인 토리당이 실세였고, 의회파인 휘그당은 감시를 받고 쫓겨 다녀야만 했다. 1681년 여름 샤프츠베리는 체포되어 국가 반역죄로 기소되었다. 그러나 샤프츠베리의 운은 그것으로 끝나지 않았다. 휘그당의 이념을 따르는 법원이 그를 풀어 주었다. 그는 풀려나오자마자 다시 혁명의 계획으로 자신을 추슬렀다. 그는 권위적인 찰스 2세를 무력으로 축출하고 찰스 왕의 서출인 몬머스 공작에게 왕위를 승계시키려고 했다. 그러나 이러한 계획은 수포로 돌아가고 말았다. 영국의 정치 상황을 잘못 판단했던 것이다. 다시 샤프츠베리에게 체포 명령이 떨어졌다. 이번에 체포되면 곧 처형으로 이어질 것이 두려워 샤프츠베리는 1682년 말에 네덜란드로 피신한다.

샤프츠베리의 망명으로 로크도 영국에서 신변이 위험해졌다. 그도 역시 샤프츠베리처럼 네덜란드로 가기로 결정했다. 그는 1683년 9월 네덜란드에 도착해 암스테르담에 짐을 풀었다. 이곳은 그에게 안전한 망명지가 되었다. 그 당시(17세기) 자유로운 분위기의 네덜란드는 수많은 종교적 박해를 피하려는 비개종주의자들과 정치적 망명가들에게 피난처를 마련해 주고 있었다. 이때의 네덜란드는 영국의 야당원들과 혁명가들의 집합 장소가 되었다.

네덜란드에서도 로크는 매우 조심스럽게 처신했다. 왜냐하면 아직 위험에서 완전히 벗어난 것은 아니었기 때문이다. 1684년 11월, 왕은 로크를 옥스퍼드의 크라이스트처치 칼리지에서 축출하도록 명령했다. 로크는 더 이상 교수 자리에 있을 수 없었다. 그의 죄목은 샤프츠베리와의 관계, 정부에 대한 적대적 행위, 네덜란드의 반역자들과의 유대 등이었다.

## 6. 명예혁명과 영국으로의 귀국

휘그당원들은 왕의 권한만을 강화시키며 의회의 권한을 축소하려는 제임스 왕을 축출하기를 바랐다. 이들은 네덜란드의 통치권자인 윌리엄 오렌지 공이 이 일을 도와줄 적임자라고 생각했다. 그리하여 휘그당원들은 윌리엄 오렌지에게 군대를 이끌고 영국을 쳐서 영국 국민을 황제교황주의로부터 해방시켜 줄 것을 요구했다. 윌리엄은 이 요구를 받아들였다. 그는 이를 통하여 프랑스를 견제하는 또 다른 맞수로서의 영국을 얻을 수 있었기 때문이다. 윌리엄이 1688년 11월 강력한 함대를 이끌고 영국에 이르렀을 때, 제임스 왕은 싸움 한 번 해보지 못하고 항

복한 채 프랑스로 도망갔다. 이 싸움은 피 한 방울 흘리지 않은 혁명이 되었다. 그리하여 명예혁명으로 불린다.

윌리엄의 입국으로 휘그당원들은 오래도록 기대하던 개혁을 진행시켰다. 이 개혁은 '명예혁명'의 후속 조치였다. 명예혁명의 본질은 단순히 권력자의 바뀜을 의미하는 것이 아니다. 영국의 역사가 절대왕권의 위험에서 벗어났다는 것을 의미한다. 이것은 국가권력이 대표 입법 단체인 의회와의 계약을 통하여 그 권한을 승인 받았다는 의미를 지닌다. 이제 왕권은 신의 은총으로부터 유래하지 않는다. 비록 토리당이 입으로는 계속하여 왕권신수설을 옹호하려 노력하여도, 이것은 아무 소용 없는 일이 되었다. 최고 권력은 법에 의해 국민에게 부여되며, 의회는 국민의 대표기관이 되어 권한을 행사할 수 있게 되었다. 이로써 법에 따라 행해지는 정치제도를 정립할 수 있는 길이 열린 것이다.

명예혁명의 발생으로 로크는 네덜란드를 떠나 고국으로 돌아갈 수 있게 되었다. 1689년 2월 로크는 5년 반의 망명 생활을 끝내고 영국 여왕 메리와 같은 배를 타고 영국에 도착하였다. 도착하자마자 로크는 새로운 정부의 여러 관직을 제의 받았다. 그러나 이러한 제안을 자신의 건강 상태를 이유로 거절했다. 학문의 세계에 좀 더 가까이 갈 수 있는 시간을 더 많이 갖기 위해서였다. 그래서 로크는 다른 직책에 비하여 한가한 직책을 맡게 되었다. 그는 세금 문제를 다루는 물품세 상소위원회의 일원으로 만족했다. 로크는 그 후 여러 해 동안 학문에만 마음을 쏟게 된다.

## 7. 저술 활동

런던에 돌아온 로크는 런던 특유의 습기 많고 매연 많은 기후로 인하여 건강이 더욱 악화되었다. 로크는 자신의 건강을 염려하지 않을 수 없었다. 런던의 습하고 상쾌하지 않은 기후로 인하여 기관지가 현저하게 나빠졌고, 이것은 그의 삶이 다하는 날까지 계속 되었다. 때때로 런던의 기후를 참을 수 없어 그는 여러 주 동안 옥스퍼드로 돌아가 있곤 했다. 그는 기관지 천식이 더욱 악화되어 어쩔 수 없이 런던을 떠나 시골의 친구들을 찾아가야 했다. 시골의 주거지는 물이 흐르는 계곡에 붙어 있는 오츠의 매섬의 집이었다. 매섬은 로크의 절친한 친구였다. 오츠에서 로크는 매섬과 비교적 편안한 생활을 보냈다.

오츠로 이사하기 전인 1689년에 로크는 가장 중요한 철학 서적들을 발간했다. 그해 4월 『관용에 관한 편지』를 라틴어로 발행했다. 이 책을 같은 해에 윌리엄 포플이 영어로 번역하여 출간했다. 윌리엄 포플은 로크가 프랑스에 체류할 때 사귄 사람으로 짐작된다. 같은 해 10월, 로크는 런던에서 『인간 오성론』을 영어로 발간했다. 이 저서의 표지에는 1690년이 발행 연도로 표기되어 있다. 발행 연도를 1년씩 늦추어 잡은 이유는 늦게 나온 책이 좋다는 그 당시의 인식 때문이라고 한다.

로크가 오츠에 정착하고 몇 년 후에 『교육에 관한 몇 가지 생각들』(1693)과 종교철학 저서인 『기독교의 합리성』(1695)이 영어로 출판되었다. 이처럼 그의 가장 중요한 철학 저서들이 출판됨으로써, 로크의 사상이 어떤 내용을 담고 있는지 가닥을 잡을 수 있게 되었다. 로크는 1704년 10월 28일 에식스 주의 하이 레이버에 있는 오츠에서 사망하게 된다. 그의 죽음은 철학사에 인식론이라는 영역을 뿌리내리게 한 위대한 사상가의 죽음이자, 영국을 비롯한 전 세계에 인민의 자유와 민주주의를 가져다준 탁월한 정치가의 죽음을 의미했다. 그가 죽은 이후 『사도 바울의 서한에 대한 주해』 6권이 유고집으로 출판된다.

# 2. 존 로크의 사상

## 1. 존 로크의 종교 사상

존 로크의 종교 사상은 『관용에 관한 편지』라는 책에 소개되어 있다. 이 책에서 로크는 국가와 교회라는 두 영역을 구분하여 각기 관여치 않을 필요가 있다고 생각한다. 국가와 교회라는 두 영역을 구분하지 않고 한쪽 편에서 다른 편을 억압하는 것은 부당하다고 생각한다. 즉, 어느 한 교파가 통치자의 힘을 이용하여 다른 교파를 억압하는 것이 평화를 저해한다는 것이다. 특정 교파에 대한 시민적 권리의 부당한 박탈이 중지되고 국가와 교회의 구분이 제대로 이루어지면 그때에 참 평화가 이루어질 것이라고 주장한다. 결국 특정 교파가 국가의 힘을 등에 업고 다른 교파를 억압하지 않아야 한다고 로크는 주장하고 있는 것인데, 이것을 로크는 '관용'이라고 부른다. 관용은 한 교파가 다른 교파를 배척하지 않고 인정하고 받아들여 주는 것을 의미한다. 이러한 주장의 이면에는 17세기 잉글랜드가 직면한 상황, 즉 국가 교회로의 '통합'과 교파 교회로의 '분리'라는 두 가지 대립적인 운동이 놓여 있다. 『관용에 관한 편지』에서 로크는 줄곧 교회를 자발적인 모임으로 간주하면서, 각자가 자유롭게 자신의 영혼을 위하여 필요한 시간과 장소에서 자신의 방식으로 예배하도록 허락해 줄 것을 주장한다. 이러한 주장이 관용인 이유는 그때까지 비국교도들은 별도의 공개적인 회합을 가질 수 없었고, 국교도와 함께 국교회의 방식으로 예배를 드려야 했기 때문이다. 비국교도들에 대한 관용을 둘러싼 당시의 논의들은 국가 교회로의 통합과 교파 교회로의 분리라는 양극단 사이의 어느 곳에 위치하고 있었다. 즉, 어떤 교파를 국가 교회에 통합시켜야 할 것이냐, 아니면 그 나름대로의 교파로 분리하여 인정해 주어야 할 것이냐의 문제였다. 종교개혁으로 가능하게 된 종파의 분리를 국가의 강제력으로 막을 수도 없었지만, 그렇다고 해서 교회의 통일성을 포기하고 모든 종파에게 자유를 허용할 수도 없었다. 국가 교회로의 통합을 주장하는 사람들에게는 비국교도들에게 예배의 자유를 허락하는 것이 단순히 종파의 분리를 부추기는 것뿐만 아니라, 궁극적으로 정치적 분열을 초래하는 것처럼 여겨졌기 때문이다. 그래서 로크는 이 비국교도들에게 따로 모여서 예배할 자유를 허락하는 것이 결코 정치적 통합을 해치지 않을 것이라고 『관용에 관한 편지』에서 주장하는 것이다.

## 2. 존 로크의 정치사상

존 로크의 정치사상은 『통치론』이라는 책에 소개되고 있다. 『통치론』에 나타난 로크의 정치사상은 대략 다섯 가지로 나눠 논의해 볼 수 있을 것이다. 첫째는 자연법 이론, 둘째는 소유권 이론, 셋째는 사회계약론, 넷째는 정부론, 다섯째는 저항권 이론이다.

로크에게 자연법은 신으로부터 나오고 인간 이성에 의해 확인할 수 있는 객관적인 규칙이자 척도이다. 자연법은 정치 제도와 행위를 제한하고 판단하는 기준을 제공한다. 그것은 당연히 국가에 의해 제정된 실정법보다 훨씬 더 근본적이다. 자연법은 인간이 정부에 복종하도록 구속한다. 자연법을 통해 로크는 인간이 왜 정부에 복종해야 하는가를 설명한다.

소유권 이론에서 로크는 소유권을 시민사회의 산물이 아니라 시민사회에 선행하는 권리라고 주장했다. 소유권이 시민사회의 산물이 아니라 시민사회보다 선행한다는 의미는, 시민사회가 소유권을 빼앗아 갈 수 없으며, 소유권을 행사할 수 있도록 시민사회를 형성해야 한다는 의미이다. 소유권은 노동을 통해서 획득되므로, 노동을 통해서 얻게 되는 권한도 마찬가지의 의미를 지닌다. 즉, 인간은 자연에 자신의 노동을 지출하고 그에 대한 대가로 소유권을 획득하는데, 이때의 소유권은 정부에 선행하기 때문에 정부에 의해서 박탈될 수 없는 것이다. 한편, 로크의 논의에서 재산은 이중적인 의미를 지닌다. 좁은 뜻에서 물질적 재화를 의미한다면, 넓은 뜻에서는 '생명, 자유, 자산'의 의미를 포함한다. 로크는 재산이라는 용어를 넓은 의미로 사용한다. 그리하여 그가 재산이라고 말할 때, 그것은 경제적인 소유물만이 아니라 인간으로서 생존할 권리와 자유를 누릴 권리 그리고 재물을 지킬 권리를 모두 포함한다. 이 모든 권리를 소유할 권리를 인간은 정부에 앞서 가진다는 것이 그의 소유권 이론의 핵심이다.

로크의 사회계약론은 네 가지 특징을 가진다. 첫째로 그는 사회계약을 가능한 한 최대한의 자유를 보존하기 위해서 사용한다. 시민들은 단지 자연법을 집행할 수 있는 권리만을 정부에 양도할 뿐이다. 그 밖의 다른 모든 권리는 시민들이 소유한다. 인간은 자유롭기를 원하며 최소한의 제약만을 받으려 하기 때문에, 최소한의 권리만을 양도하길 선호한다. 자연 상태에 남아 있길 원하는 시민들은 정부에게 최소한의 권리만 양도하는 것이 자신들의 생명과 재산과 자유를 지키는 데 유리하다고 생각한다. 따라서 로크는 정부의 권한을 필요한 만큼만 허락하고 그 외에는 제약해야 한다고 주장한다. 둘째, 로크는 통치자를 계약에서 배제시킨다. 계약은 통치자와 피치자 간의 계약이 아니라 자유로운 시민들 사이에서의 계약이다. 통치자에게는 시민들로부터 위임된 권력만이 주어지며, 그 권력은 오직 공동체의 선을 위해서만 행사된다. 계약관계에서는 일반적으로 당사자들이 상호 의무와 권리를 가지게 된다. 그래서 계약에서 제외된 위임자의 경우에는 권리를 향유하지 못하고, 의무만 부여된다. 즉, 통치자는 위임된 계약에 충실해야 한다는 조건 속에서 활동할 수 있을 뿐이다. 셋째, 로크에 따르면 사회계약은 일회적으로 체결된다. 당사자가 아닌 후대의 시민들은 당연히 계약에 참가할 수 없으며, 계약에 묵시적으로 동의한 것으로 간주한다. 즉, 어린이의 경우 사회적 계약은 암묵적으로 주어진다. 성인이 된 이후에 권리와 이익을 보장받는다. 로크의 사회계약론의 네 번째 특징은 다수에 의한 지배이다. 일단 수립된 사회는 공동의 업무를 결정하기 위해 만장일치에 의존한다. 로크는 일단 사회계약이 체결되면 다수가 지배해야 한다고 주장한다. 소수가 다수의 의지에 복종할 때 시민들의 참다운 권리가 보호된다고 보는 것이다.

정부론을 설명하면서 로크는 정부의 권한에 한계를 설정한다. 정부는 입법부의 견제를 받아들여야 한다는 것이다. 정부는 입법부가 제정한 법률에 따라 그 권한을 행사해야 한다. 정부는 인민이나 그 대표자의 동의 없이 세금을 부과해서는 안 된다. 입법부는 정부가 지켜야 할 법을 만들고, 예산을 책정하며, 정부를 견제해야 한다. 이러한 로크의 정부론은 이후 몽테스키외에게 이어져 삼권분립의 형태로 그 모습을 드러낸다.

가장 잘 알려진 로크의 이론은 저항권 이론이다. 로크가 정치사상에 기여한 점은 시민에 대한 저항권의 인정이다. 만약 통치자가 시민의 이익을 위해서 그 위임된 의무를 이행하지 않으면, 시민의 저항은 정당화될 수 있으며, 시민은 정부를 없애고 새로운 정부를 수립할 수 있다. 로크는 정부와 사회를 구분했기 때문에 이 점을 자신 있게 주장할 수 있었다. 로크가 원하는 바는 사회의 유지이지 정부의 유지가 아니었다. 로크는 내전과 여러 차례에 걸친 정부의 전복에도 불구하고 사회가 여전히 유지되는 것을 목격할 수 있었기 때문에 이러한 주장을 할 수 있었다. 그는 사람들에게 전제정치의 유일한 대안은 무정부 상태일 것이라는 두려움에서 벗어나라고 충고한다. 전제정치를 감내할 필요가 없다고 로크는 생각하였다. 로크는 정부의 부당한 권력 행사에 대한 저항권의 차원에서 폭력을 사용할 수 있다고 한다. 힘을 가진 정부의 잘못을 규탄하는 방법이 단지 캠페인의 수준으로만 이루어진다면 그 정부를 전복시킬 수 없다는 것이 로크의 지적이다. 로크의 이러한 저항권 이론은 이후 유럽으로 넘어가 프랑스 혁명을 일으키는 이론적 기초를 제공하게 된다.

## 3. 존 로크의 교육 사상

존 로크의 교육 사상은 『교육에 관한 몇 가지 생각들』이라는 책에 소개되어 있다. 로크에 따르면, 판단력을 형성시키고 어릴 때부터 예절 바른 삶을 추구하게 하는 것이 교육의 할 일이다. 1693년에 출간된 로크의 교육학 저서 『교육에 관한 몇 가지 생각들』은 윤리학의 연구들을 바탕으로 하고 있으며, 윤리 이론을 교육 이론에 적용시킨 결과물이다.

로크는 성격 형성 과정에서 어린이가 판단에 따른 책임 있는 품성을 갖추려면 발달 과정에 가장 적합한 교육을 시켜야 한다고 강조한다. 어린 시절을 발달 과정의 시작 단계로 진지하게 받아들인 것은 로크의 시대에는 당연한 일이 아니었다. 이는 로크가 성격 및 정신 형성 과정을 교육의 핵심으로 여기면서도 신체의 발달을 중요시한다는 것을 보여 준다.

로크에게 있어 교육의 주목표는 예절, 삶의 지혜, 올바른 행실 및 교양이다. 그래서 어린이들은 학교에서보다는 가정교사를 통해 인성 교육을 받아야 한다. 쓰기, 읽기 및 계산 교육은 개별적으로 이루어져야 하며, 외국어 습득 교육도 필요하다는 것이 로크의 주장이다. 그는 학자를 위한 교육을 중시하는 것은 아니라고 강조하지만, 일정한 학문, 예를 들면 역사, 법학과 같은 전문 분야는 중요하며, 이러한 학문을 익힐 때 독서를 바탕으로 해야 한다고 언급하고 있다. 로크는 학문에 있어서 개념을 구분할 수 있는 능력과 사고하는 방법을 습득하여야 한다고 강조한다.

로크에 따르면, 교육의 가장 중요한 목표는 윤리적 목표이다. 즉, 어린이가 판단력과 예절을 형성하도록 교육해야 한다는 것이다. 교육에서 습득되어야 할 진정으로 중요하고 가치 있는 목표는 예절이다. 지식들은 이 예절에 자리를 양보해야 한다. 예절 교육은 끊임없이 계속되어야 한다. 어린이가 교양을 갖추고 성장하면, 올바른 판단력을 갖춘 사람의 품격에 적합한 것만 지향하게 된다. 교육 현장에서 분명한 판단력과 예절 바른 품성을 키워 주는 방법으로, 로크는 관습적인 전통적 교육 방법을 단호하게 반대한다. 전통적인 교육 방식은 언제나 규칙들을 앞세우고 준수할 것을 강요한다. 이는 모든 교육 수단 가운데 가장 부적합한 것으로서, 체벌을 동반하게 된다. 로크는 강요하거나 강제할 것이 아니라 자발성을 이용해 실습하기를 권고한다. 어린이 각자의 소질과 능력을 고려하고 구체적인 사례들을 이용하여 예절을 익히는 것이 좋다. 이때 부모들이 모범을 보이면 아동들은 쉽게 익힐 수 있다. 로크는 어린이들을 가능한 한 일찍부터 귀한 존재로 대우할 것을 촉구한다. 이를테면 어른들이 어린이들의 행동을 칭찬하고 어떤 행동을 꾸짖는지에 대해 이유를 설명해 주어야 하며, 언제나 알기 쉽게 가르쳐 주어야 한다. 그럴 때 어린이들은 도덕적 책임을 의식하고 올바른 판단을 지향하는 사람으로 성장하게 될 것이다.

『교육에 관한 몇 가지 생각들』의 결론에서, 로크는 부모들이 어린이들을 교육시킬 때 어린이들의 판단을 믿어 주고 인정해 주는 용기가 필요하다고 주장한다. 즉, 우리는 배우는 이에게 어떤 틀을 뒤집어 씌워서는 안 되며, 배우는 이가 스스로를 발전시켜 나가도록 도와줘야 한다. 교훈만 늘어놓을 것이 아니라, 스스로의 생각을 바탕으로 개성에 이를 수 있도록 도와줘야 한다. 그래서 우리는 배우는 사람 한 사람 한 사람의 소질을 꿰뚫어 보아야 한다. 학생들이 놀면서 배우도록 도와줘야 한다. 로크는 학생의 자유와 인격을 위해서는 일반적인 틀과 강제가 따르는 공립학교보다 개인 교육이 낫다고 생각한다. 이러한 로크의 교육 사상은 루소에 의해 대륙으로 급격하게 퍼져 나갔다.

## 4. 존 로크의 종교철학 사상

존 로크의 종교철학 사상은 『기독교의 합리성』이라는 책에 소개되고 있다. 『기독교의 합리성』은 성경 해석의 방법론 때문에 중요한 의미를 갖는다. 로크는 서로 다르고 가끔 모순되기도 하는 신학 체계를 대할 때마다 불쾌했던 심경을 이 책에서 서술하고 있다. 이 책의 집필을 계기로 로크는 기독교를 이해하기 위하여 오로지 성서만을 해석하는 데 전념하게 되었다고 한다. 성서야말로 많은 신학 체계들의 기원이기 때문이다. 로크는 성서를 해석할 때 자신의 구상이나 사변들을 덧붙이지 않도록 주의해야 한다고 말한다. 성서의 해석은 어디까지나 성서의 내용을 정밀하게 살펴보아야 한다는 것이다.

우리는 해석의 과정을 철저히 파고들어 재현해야 한다. 우리가 성서 해석을 정당화하고 싶을 때, 성서의 내용이 다른 부분들과 어느 정도 일치하는지를 파악해야 한다. 우리의 인위적인 체계에 따라 여기저기서 단락이나 구절을 끄집어내어, 그것들이 기독교 신앙의 본질이고 필연적인 교리라고 주장해서는 안 된다.

로크는 예수가 구세주 메시아이며 신의 아들이라는 믿음이 성서의 본질이라고 주장한다. 또한 그는 우리 각자의 행위 결과에 근거해서 우리가 죄인일 수 있다는 견해가 성서의 본질이라고 생각한다. 죄인으로서 우리는 구원이 필요하다. 구원을 받기 위해서는 나사렛 예수가 그리스도이며 메시아라는 교리를 받아들여야 한다. 한편, 로크는 믿음과 더불어 실천의 중요성을 강조한다. 구원을 위해서 필요한 것은 믿음보다는 실천이다. 로크에 따르면, 구원을 위하여 필요한 실천은 속죄이다. 속죄의 의미는 궁극적으로 예와 덕을 갖춘 삶을 영위하려는 진지한 노력을 말하는 것이다.

『기독교의 합리성』에서 로크는 자연법칙에 이르는 길로서 계시를 주제로 삼고 있다. 예수와 그의 제자들의 설교에서 완벽한 도덕 체계를 찾을 수 있다는 것이다. 로크는 특히 예수의 가르침인 산상수훈을 생각하고 있다. 여기서 예수는 구체적인 윤리 규정을 열거하고 낱낱의 예언적 경고를 일반적 효력을 갖는 황금률로 표현한다. 황금률은 "사람들이 마땅히 너희에게 해 주어야 한다고 너희가 원하는 바로 그것을 모두 그 사람들에게 해 주어라"이다. 예수의 가르침인 황금률은 모세의 시대부터 이어져 내려왔던 법이었다. 이 법에 따르는 것이 기독교의 합리성을 따르는 것이다. 왜냐하면 그것이 곧 법이요 모세의 가르침이기 때문이다. 로크는 계시를 통해 우리에게 내려진 규칙들을 음미해 보면, 그 계시가 이성과 일치하는 결과를 얻는다고 강조한다. 로크는 주로 성서를 통하여 마련된 계시를 가리키지만, 신이 사람에게 직접 참된 것을 전해 주는 수단으로서 본래적 계시도 다루고 있다. 로크는 참된 것, 즉 진리가 존재한다는 것을 확증하며, 이 진리는 이성을 통하여 알 수 있을 뿐 아니라 계시를 통해서도 그 모습이 드러나며 전달될 수 있다고 한다. 이성에 위배되는 판단은 계시에 근거하여 참으로 받아들여서는 안 된다. 로크에 따르면, 이성에 걸맞지도 않고 그에 모순되지도 않지만 이성을 초월하는 판단들도 있는데, 이러한 명제들이 믿음의 고유한 대상을 드러내 준다.

# 3. 『인간 오성론』의 내용 따라잡기

## 1. 『인간 오성론』의 내용

『인간 오성론』은 지식의 기원과 범위 그리고 확실성을 주제로 한 책으로, 모두 4권으로 이루어져 있다.

제1권 "생득관념(타고난 관념)에 대하여"는 사람의 인식의 기원에 대한 기존의 이론, 이른바 생득관념을 비판하고 거부한다. 이 생득관념 이론에 따르면, 근본적인 사변적 원리와 실천적 원리는 태어날 때부터 사람의 정신 속에 이미 있었던 것이다. 로크는 이 생득관념 이론을 비판한 후 제2권에서 제4권에 이르기까지 자신의 독창적인 인식론을 제시하고 그 토대를 세워 간다.

제2권 "관념에 대하여"에서 로크는 인식의 재료, 즉 관념을 다룬다. 관념은 사람의 오성 속에 존재하는 것으로 이해된다. 로크는 여기서 관념의 기원을 연구한다. 아울러 사람의 오성에 그러한 관념이 어떻게 부여되는지를 연구한다.

제3권 "언어에 대하여"에서는 인식에서의 언어의 기능이 논의된다. 즉, 언어는 의사소통을 목적으로 하며 오용되어서는 안 된다는 주장과, 낱말은 추상으로 인해 생겨난다는 주장이 전개된다.

제4권 "지식과 의견에 대하여"의 주제는 어떻게 오성이 관념으로부터 지식을 이끌어 낼 수 있는가이다. 또한 인식의 확실성을 포함하지 않는 판단에 어떻게 동의할 것인가에 관한 문제로 이어진다. 존 로크의 『인간 오성론』을 각 권별로 좀 더 자세히 살펴보기로 하자.

### 제1권 생득관념에 대하여

제1권에서 로크는 생득관념을 전제하는 입장의 모순을 드러내고 있다. 사변적 원리에 관한 그의 설명에 따르면, 그 생득관념은 존재하지 않는다.

사변적 원리들이 사람이 태어날 때부터 고유한 것이라면, 그 원리들을 판단하고 나타내는 기원인 관념들 또한 타고난 것이어야 한다. 그러나 사변적 원리가 존재하긴 하지만, 그것의 기원인 관념이 생득적이라는 말은 아니다. 만일 그것이 사실이라면, 모순율에 있어 모순 명제의 불가능성과, 동일률에 있어 전칭(명제의 주어부가 나타내는 사물의 전체 수량을 일컬음. '모든 사람은 죽는다'에서 '모든'이 전칭이 된다) 명제의 명확성이 타고날 때부터 고유한 것이라는 주장은 여전히 참이어야 한다. 그러나 로크는 모순율과 동일률이 참된 원리로 받아들여진다 하더라도 그 원리들이 인간이 태어날 때부터 타고난 관념은 아니라는 것이다. 실천적 원리는 타고날 때부터 고유한 것일 수 없다는 주장도 마찬가지이다. 실천적 원리가 생득적이라면 우리는 하나의 실천 원리를 당연하게 받아들이게 되고, 그럴 경우 우리가 망설임 없이 실천하게 될 것이라는 것은 자명한 것인데, 정작 인간에게 실천 원리가 무조건적으로 인정되는 것은 아니다. 로크는 이러한 맥락에서 생득적인 사변 원리와 함께 생득적인 실천 원리를 비판한다.

로크가 생득관념의 존재에 맞서는 까닭은 이것이 사람의 인식의 기원에 대한 이론으로서 설득력이 없기 때문이 아니다. 오히려 생득관념이 전통적인 견해를 비판 없이 수용하고 그 권위를 맹목적으로 인정하도록 장려하기 때문이다. 태어날 때부터 타고난, 의심의 여지가 없는 원리들이 있다는 주장을 일반적으로 받아들이게 되면, 전통이나 교육에서 비롯되는 규칙과 원리들 또한 원래 타고날 때부터 고유한 것이라는 전제도 쉽게 받아들이게 될 것이다. 그렇게 되면 어떠한 비판이나 논증도 시작부터 봉쇄될 것이다. 로크는 비판과 논증을 가능하게 할 수 있도록, 인간의 오성에서부터 관념을 탐구해 갔으며, 생득관념은 없다는 결론에 이르게 된 것이다.

로크에게 있어서 관념이란 인간이 사고할 때 오성의 대상이 되는 것이면 무엇이든 해당된다. 로크는 환상, 개념, 종에 의해 의미되는 모든 것, 또는 인간이 사고할 때 마음이 사용하는 것을 표현하기 위해서 관념이라는 용어를 사용한다. 다시 말해, 로크는 마음이 스스로 지각하는 것은 무엇이든 관념이라고 부른다. 이러한 관념의 정의 속에 생득관념은 전혀 드러나지 않는다. 오히려 생득관념이 존재하지 않는 근거로서 관념을 정의하고 있다.

## 제2권 관념에 대하여

제2권에서 로크는 관념의 기원에 관하여 논의하고자 한다. 관념의 기원은 로크에 따르면 경험에 있다. 인간은 태어날 때 백지와 같은 마음을 갖으며, 이곳에 하나씩 관념이 그려지는 것이다. "최초에 백지와 같은 마음은 어디서 지식의 재료를 얻는가?"라는 물음을 제기하고서, 로크는 "경험으로부터"라고 단정적으로 대답한다. 이때, 경험이란 무엇인가? 로크는 관념의 기원으로서의 경험을 두 종류로 나눌 수 있다고 한다. 감각과 반성이 그것이다. 감각은 외적인 것이요, 반성은 내적인 것이다. 우리의 모든 관념들은 이 감각이나 반성 중 어느 하나로부터 온다. 우리의 지식이 오성에 의해 무한히 다양하게 복합되고 확대될 수 있을지라도, 우리 마음은 이 두 가지 방식 중 어느 하나에서 온 관념만을 가질 수밖에 없다. 우리가 감각에 의해서 갖게 되는 관념들은 노랑, 붉음, 뜨거움, 차가움, 부드러움, 딱딱함, 달콤함처럼, 감각적 성질이라고 부르는 관념들이다. 또한 마음의 작용에 대한 반성으로부터 얻는 관념들은 사고, 의심, 믿음, 추리, 인식, 의지 그리고 우리 마음의 작용들에 대한 관념들이다. 이 반성에 의한 관념들은 감각적 관념들보다 나중에 생겨나는 것들이다. 마음의 원초적 능력은 감각과 반성으로부터 지각을 받아들이는 수동적 능력이다. 마음은 그 지각들의 발생을 조절할 수 없으며, 받아들여진 지각들의 본성에 관해 일단 무지할 수밖에 없다. 어떤 지각들이 반복되고 마음에 친숙해지기 시작할 때, 마음은 그것을 인지할 수 있게 되고, 경험은 더 이상 낯설지 않게 된다.

로크는 모든 인식 재료는 궁극적으로 감각과 반성에서 비롯된다고 강조한다. 반성도 하나의 감각이므로, 좀 더 정확하게 말하면, 우리의 모든 인식 재료는 감각으로부터 얻는다. 우리는 감각에서 얻은 단순 관념을 바탕으로 이 관념을 비교, 종합, 추상하여 새로운 복합 관념을 얻어낼 수 있다. 이때 로크가 말하는 단순 관념이란 무엇이며 복합 관념이란 무엇인가? 우리의 마음이 직접 대면하는 지각에 의해 얻어진 관념을 단순 관념이라 한다. 단순 관념은 본질적으로 복합적이지 않기 때문에 그 안에 단지 하나의 현상 또는 성질만을 포함한다. 하나의 단순 관념이 또 다른 단순 관념과 쉽게 구분될 수 있는 것은 아니다. 왜냐하면 하나의 물질적 대상 자체는 많은 성질들을 가지며, 그것들은 대상 자체 내에 합일되고 혼합되어 있어서 그것들 사이에 분리나 간격이 없기 때문이다. 하지만 마음은 이러한 성질들 각각에 대한 관념들을 그 이상 분해될 수 없는 하나의 완전한 관념으로 떼어낼 수 있는데, 이러한 관념을 단순 관념으로 정의하는 것이다.

일단 우리의 마음이 단순 관념을 갖고 나면, 그 후에 복합 관념을 획득할 수 있다. 마음은 단순 관념을 받아들이는 데서는 수동적이지만, 복합 관념을 형성하는 데는 능동적이다. 오성은 단순 관념들을 다양하게 재생하고 비교하고 연합할 수 있는 힘을 가지므로 새로운 복합 관념들을 만들어 낼 수 있다.

여기서 우리는 로크의 관념들과는 다른 각도에서 그의 성질들을 살펴보아야 한다. 그에게 있어 관념은 모두 인간의 입장에서 사물을 바라본 거라면, 성질은 사물의 입장에서 인간에게 인식 가능하게 만드는 어떤 힘을 의미하기 때문이다. 즉, 인간은 사물에 대해 관념을 갖는 데 반해, 사물은 인간에 대해 성질을 갖는다. 사물이 갖는 성질은 로크에 따르면 제1성질과 제2성질로 나누어지는데, 제1성질은 무엇이며, 제2성질은 무엇인가? 사물이 어떤 상태에 있든지 사물로부터 절대로 분리할 수 없으며, 사물이 어떤 변경이나 변화를 겪더라도 또는 어떤 힘이 그 사물에 가해지더라도 사물이 끊임없이 보유하는 성질들이 제1성질이다. 여기에는 고체성, 연장, 형태, 움직임이나 정지 그리고 수가 있다. 또한 사실상 사물 자체에 속하지 않지만 크기, 형태, 조직, 움직임, 즉 제1성질에 의해 색깔, 소리, 맛의 여러 감각들을 산출하는 힘들이 제2성질이다. 제2성질은 사물 자체에서는 중요한 요소가 되지 못하며, 인간의 감각을 자극하는 것은 제1성질이다. 제1성질은 사물의 유일한 작용 방식인 미립자의 활동에 의해서 우리 안에 관념을 산출한다. 제2성질의 관념도 제1성질의 관념이 우리 안에 생기는 것과 똑같은 방식으로 생겨난다.

제1성질은 물질적 대상들의 기본 단위인 미립자들이 인간의 감각기관을 자극해서 신경계에 반응을 일으키는 것이며, 제2성질은 그 미립자들 자체와는 다른, 마음이 관념을 만들어 낸다는 것이 로크의 주장이다. 로크는 물질이라는 실체가 인간의 의식과 동떨어져서 실재한다고 보지 않는다. 이 점에서 그는 실재론자가 아니다. 그렇지만 로크는 또한 관념이 실재한다고 본다. 그러한 점에서 로크는 실재론자이다. 결국 로크는 관념으로 드러난 것이 실재한다고 말하는 실재론자라고 할 수 있다. 이러한 실재론을 표상적 실재론이라고 한다. 표상적 실재론은 물체와 같은 실체가 인간의 의식과는 관련 없이 이 세상에 기본적으로 존재하고 있다고 확신하는 소박한 실재론과는 구별된다. 소박한 실재론자들은 물체만 중요시할 뿐 관념은 중요시하지 않는다. 소박한 실재론을 주장할 경우, 우리는 보이는 것은 실재한다고 믿어 버리게 된다. 그러나 우리가 보이는 것 모두를 믿을 수 있는 것은 아니다. 관념을 통해 이해할 수 있을 뿐이다. 그리하여 로크와 같은 표상적 실재론은 장점을 지니게 된다. 하지만 표상적 실재론에도 애매한 부분은 남는다. 실체가 존재하지 않으면서 대상이 되는 관념이 성립할 수 있느냐의 문제이다. 이 문제에 대해 로크는 분명한 대답을 하지 못하고, 결국 실체가 있는지는 알지 못하나 있어야 하는 것으로 전제하는 입장을 취하게 된다. 이러한 그의 입장은 칸트의 물자체 이론에 영향을 미쳤다고 짐작된다.

## 제3권 언어에 대하여

제3권에서 로크는 '언어는 인간의 의사소통을 위해 만들어졌다'고 전제한다. 의사소통을 위해 만들어진 언어는 구체적으로 이름들로 구성되어 있다. 즉, 낱말들이 일단 형성된 이후에 언어를 형성하게 되는 것이다. 그렇다면 낱말들은 어떻게 만들어지는가? 그것은 한마디로 추상을 통해 만들어졌다고 해야 한다. 실제로 추상은 『인간 오성론』의 3권에서 인식 이론의 중심적인 주제이다. 일반적인 술어들은 문장에서 주어를 추상화시켜야만 생겨난다. 즉, 추상 관념을 전제로 한다는 뜻이다. 추상 관념이 언어에서 갖는 의미는, 우리는 일반명사의 도움을 받아야만 실체의 종류를 가리킬 수 있다는 것이다. 예를 들어 '철'이라는 일반명사는 복합 관념 속에 내재하는 단순 관념들을 어떤 지속적인 통일체에 관련시키고 추상화시켜 추출되는 이름이다. 그래서 금속의 계열에서 구리나 알루미늄과는 다른 점이 부각되어 철이라는 일반명사가 생겨나는 것이다. 이리하여 언제 어디서나 우리는 '철'이라는 관념을 떠올릴 수 있게 되며, 이에 관하여 이야기를 주고받을 수 있게 된다.

로크에 의하면, 우리는 이야기를 주고받을 때 언어를 사용하게 되며, 이때 언어는 사물들에 이름을 붙인 명사로 이루어진다. 그런데 이때의 명사가 고유명사만으로 이루어져서는 안 된다. 일반명사가 들어 있어야 한다. 언어 속에 일반명사가 있어야 하는 이유는 세 가지이다.

첫째, 각각의 개별적인 사물들이 각각의 독특한 이름을 가져야 한다는 것은 사물과 이름의 무한성으로 인해 우리의 인식범위를 넘어선다. 즉, 고유명사들로 이루어진 단어를 모두 기억하는 것은 불가능하다. 둘째, 고유명사들로 이루어진 단어들을 기억하는 것은 언어의 주된 목적인 의사소통에 도움이 되지 못한다. 왜냐하면 나 혼자만 마음속에 갖고 있는 개별적인 사물의 이름은 그것을 알지 못하는 사람은 이해할 수 없기 때문이다. 셋째, 일반명사가 없다면, 비교나 분류 혹은 일반화를 할 수 없으므로 논의가 이루어지지 못한다. 일반명사의 역할은 사물을 한 묶음으로 묶어서 논의할 수 있게 함으로써 지식의 발전과 전달을 용이하게 하는 데 있다. 이상과 같은 세 가지 이유로 우리는 언어 속에 일반명사가 필요하다는 것을 알 수 있다.

한편, 낱말과 관념 사이의 관계는 본래부터 주어진 결합관계도 아니고, 단순하게 각 개인의 자의를 통하여 발생하는 것도 아니다. 그것은 의사소통이라는 사회적 목적에 따라 생겨난 것이다. 로크는 이야기의 주고받음이 언어의 주된 목적이며, 언어는 그 이야기 소통 기능 덕분에 사회의 공동체를 형성한다고 본다. 로크는 신이 인간에게 언어를 준 이유는 언어가 사회 공동체의 도구이며 공통분모이기 때문이라고 한다.

신은 인간을 친화적인 피조물로 만들어서 자신과 교류할 수 있도록 하기 위해 인간에게 언어를 주었다. 인간은 신과의 교류뿐만 아니라 인간 사이의 의사소통에도 언어를 사용한다. 즉, 인간은 사회적 동물로서 언어 사용이 필수적이다.

로크는 인간이 언어를 사용할 때 표현을 정확하게 하는 것이 중요하다고 강조한다. 특히 철학과 제반 학문에서 더욱 그렇다. 그는 스콜라 철학이 언어를 매우 혼란스럽게 사용했다고 비판한다. 즉, 스콜라 철학자들은 좀처럼 사용하지 않는 난해하고 부자연스럽고 까다로운 용어를 현학적으로 그리고 무의식적으로 사용한다는 것이다.

로크는 언어의 잘못된 사용이 인식의 길을 가로막는 장애물이라고 보았다. 이것이 로크가 실체의 종류에 대한 이론을 전개할 때 그의 당대에 위세를 부리던 스콜라 철학을 비판한 이유이다. 스콜라 철학자들이 형이상학을 연구할 때에는 실체의 본질을 무조건 전제하고 시작한다. 그러나 로크가 보기에 실체의 본질을 무조건적으로 전제할 수는 없다. 로크는 본질이라는 낱말의 의미를 두 가지로 구분하여 자신의 주장을 전개한다.

첫째, 본질이란 사물로 하여금 그 사물이 되게 하는 어떤 것이라고 한다. 따라서 사물들의 성질들이 의존하는 실재적이고 내적인, 그러나 알려지지 않는 구조가 본질이라고 할 수 있다. 이것이 본질이라는 낱말의 실재적 의미이다. 둘째, 본질이라는 낱말은 존재라는 원래의 의미를 거의 상실하고 유와 종이라는 인공적 구조를 수용하게 되었다. 사물들은 우리가 이름붙인 추상 관념과 일치함으로써 유와 종으로 분류된다. 따라서 유와 종의 본질은 일반명사가 나타내는 명목 관념에 지나지 않는다. 로크는 첫 번째 것을 실재적 본질, 두 번째 것을 명목적 본질이라고 부른다. 이러한 구분을 통해서 로크가 말하고자 하는 바는 사물의 실재적 본질은 존재하지 않으며 오직 명목적 본질만이 존재한다는 것이다. 이러한 그의 생각은 플라톤이 내세운 참다운 존재로서의 이데아를 비판하는 것이며, 물질과 정신은 실체로서 존재한다는 데카르트의 이성론을 비판하는 것이다. 명목적 본질을 강조하는 로크는 우리가 감지하고 있는 곳에서의 사물의 본질만을 수용하고 있는 것이다.

### 제4권 지식과 의견에 대하여

제4권에서 로크는 사람의 오성이 어떻게 관념의 재료를 이용하여 지식을 구성할 수 있는가 하는 문제와 마주한다. 로크는 여기서 지식을 '결합된 관념의 깨달음'이라고 정의한다. 좀 더 정확하게 말하면, '관념의 일치 또는 불일치의 깨달음'이라는 것이다.

지식은 관념의 결합이다. 관념의 결합은 판단으로 나타난다. 지식은 판단에서만 가능하다. 왜냐하면 판단이 지식의 참과 거짓을 판가름하기 때문이다. 로크는 관념을 어느 정도 확증하여 판단할 수 있느냐에 따라 지식을 세 가지 등급으로 나눈다. 직관적 지식, 논증적 지식, 감각적 지식이 바로 그것이다.

직관을 통한 지식은 직접적이기 때문에 증명이라든지 기타의 다른 관념을 매개로 할 필요가 없다. 직관이란 최고 수준의 확실성을 특징으로 하는 지식이다. 우리는 우리의 관념을 직관을 통하여 가장 확실하게 얻는다. 우리는 흰 것은 검은 것이 아니며, 원은 삼각형이 아니라는 지식을 직관으로 확실하게 얻는다. 논증적 지식은 하나의 관념을 매개로 하여 두 관념 사이의 일치와 불일치를 판단하여 얻는 지식이다. 삼각형의 세 각은 두 개의 직각과 크기에서 일치한다는 지식은 각도라는 매개념을 통하여 얻어 내는 지식으로서, 이것이 논증적 지식에 해당한다. 논증적 지식은 증명을 필요로 한다.

마지막으로, 감각적 지식은 겉으로 드러난 낱낱의 사물들의 존재를 우리에게 확인시켜 주는 지식으로서, 사물이 존재하지 않는다는 과격한 회의론을 경계하여 로크가 설정한 지식이다. 감각 인식은 우리의 정신이 반드시 바깥세상과 일치하는 것은 아니라는 전제가 달려 있으므로, 엄밀한 의미에서는 확실한 지식이 아니다. 결국 로크에게 있어서 보다 확실한 지식은 직관과 논증에 의해서 얻게 되는 지식이다.

로크는 직관적 지식을 통해 수학적 지식의 확실성을 보증해 주고자 했다. 우리가 둥근 사각형을 떠올릴 수 없다는 것은 너무 자명하기 때문이다. 한편, 수학에서의 증명은 논리적 지식으로 보증해 주고자 했다. 하나의 공리가 형성되면 우리는 결론을 이끌어 낼 수 있는데, 여기서 사용하는 방법은 논증적 방법이다. 논증에 의해 생겨난 지식이 우리에게 확실성을 보장해 주는 것은 당연하다 하겠다. 재미있는 점은 신의 존재를 증명함에 있어서 로크가 논증적 지식을 사용했다는 점이다. 그는 신은 무조건적으로 존재한다는 것도 받아들이지 않았으며, 신은 존재하지 않는다는 것도 받아들이지 않았다. 그래서 신의 존재에 관한 지식은 논증적 지식이 된 것이다. 또한 로크가 감각적 지식으로 보증하고자 했던 바는 사물의 존재 여부이다. 로크는 사물이 존재하는지를 알 수 없다고 말했지만, 사물이 존재하지 않는다고 단언할 수는 없었다. 그래서 그는 신빙성이 그만큼 떨어지는 것으로서의 사물의 존재를 요청한 것이다. 로크에 의하면, 바깥세상에서 얻는 실체는 사람에게 본래부터 주어진 것이 아니며, 다만 물체의 관념만이 본래적으로 존재한다. 그에게 있어 관념은 물체와 별개로 존재하는 것이다.

## 2. 『인간 오성론』의 영향력

로크의 사상이 다음 시대의 철학에 끼친 영향은 참으로 대단했다. 『인간 오성론』은 철학사에서 가장 많이 읽히고 가장 큰 영향력을 지닌 책으로 꼽힌다. 이 책은 1671년부터 집필이 시작되었으며, 여러 해 동안 수정 작업을 거쳤다. 『인간 오성론』이 출간된 해는 1689년이다. 이후 번역본을 통하여 로크의 저술들은 영국을 벗어나 대륙으로 그 영향력이 퍼져 나갔다. 이 번역본들은 1690년대부터 나오기 시작하여 수많은 판본으로 다시 번역되었다. 로크의 사상은 18세기의 철학적 논의의 중심에 자리했다. 동시대인들은 로크의 철학사적 위치를 중세의 아리스토텔레스의 위치와 비슷하게 받아들였다.

로크의 영향은 당대의 철학에만 미친 것이 아니라, 그 당시

부흥하기 시작한 심리학, 교육학 및 경제 이론에도 상당한 영향을 끼쳤다. 그의 영향이 결코 전문적인 세계에만 국한된 것은 아니었다. 그의 사상은 일반교양 영역에까지 확장되었다. 그의 사상은 정치와 문학에도 그 영향을 끼쳤다. 그의 철학적 저술은 1688년에 일어난 명예혁명의 정치적, 사회적 길잡이였으며, 지성인들의 학문에 발판을 제공했다. 로크는 인간의 독자적인 사고의 원리, 즉 스스로 사고할 수 있는 원리와 이성 우위의 원리가 꽃 피도록 했다. 그는 유럽 계몽주의가 자리를 잡을 수 있도록 촉매제가 되기도 했다.

로크의 『인간 오성론』은 인간의 인식에 관한 문제를 다룬다. 로크는 『인간 오성론』을 통해서 인식론의 아버지 그리고 영국 경험론의 창시자라는 별칭을 얻게 된다.

사람의 인식에 관한 주제는 그 다음 세대의 철학자들이 이어받았다. 그렇지만 그 결과는 로크의 그것과는 다른 것들이었다. 이를테면 조지 버클리에게 있어 인식 문제의 해결은 오로지 물질적 실체의 존재를 부정하고서야 비로소 가능한 문제였다. 버클리의 입장의 특징은 그가 로크와는 달리 경험적 접근 방법을 비물질론과 관련시키고 있다는 점이다. 버클리는 물질의 존재를 부인했다. 그에 의하면, 물질적인 대상은 오직 지각을 통해서만 존재한다. 물질과 정신을 이분법적으로 나눈 것에 반대한 버클리는 정신만을 실체로 인정하고 "존재하는 것은 모두 지각하는 것이다"라는 명제를 도출한다. 버클리는 로크의 관념 이론을 철학의 제일원리로 받아들이고 있지만, 로크의 제1성질은 받아들이지 않는다.

로크의 제1성질은 물질의 실체를 상정하는 것으로서, 버클리는 그것을 감각적 경험에서 나타날 수 없는 것으로 보기 때문이다. 결론적으로 말해서, 버클리는 로크의 경험론을 받아들이면서 동시에 존재하는 모든 것을 지각으로 간주하는 관념의 이론을 강조한 것이다. 따라서 버클리가 로크의 이론을 계승했다고 보는 것은 당연하다고 하겠다.

로크의 경험적 방법들을 비판적으로 이어가기 위해 노력한 사람은 흄이다. 흄은 세계에 대한 사람의 인식 문제에 관하여 심리적인 설명을 시도함으로써 인식 문제에 대해 회의적인 입장을 취했다. 흄은 로크의 경험철학을 논리적으로 발전시켜 결론을 내린 사람이다. 그는 로크의 경험 이론이 전제하고 있는 인과관계를 받아들이지 않았다. 인과관계는 단지 우리가 어떤 경험을 반복해서 행했기 때문에 생겨난 습관에 지나지 않는다는 것이다. 매일 아침 동쪽에서 떠오르는 태양이 내일 아침에도 동쪽에서 떠오를지 확신할 수 없다는 흄은 결국에는 회의론으로 빠졌지만, 로크의 백지설, 즉 "마음은 백지와 같다"는 이론을 받아들이면서 "생득관념(타고난 관념)은 존재하지 않는다"는 생각을 끝까지 견지해 나간 점은 높이 평가되어야 한다.

로크의 인식론적 문제 제기에 가장 큰 결과와 지속적 연구를 이끌어 낸 사람은 칸트였다. 칸트의 『순수이성비판』의 탄생에 결정적 역할을 한 것이 바로 로크의 『인간 오성론』이었다. 로크의 『인간 오성론』은 칸트의 『순수이성비판』이 인식 비판서로서의 가치를 갖기 전부터 독자적인 가치를 확보한 저서이다. 로크의 『인간 오성론』이야말로 칸트의 인식론에 결정적인 토대를 제공하고 있기에, 로크를 이해하지 못하면 칸트를 이해할 수 없다는 말이 가능한 것이다. 칸트는 『순수이성비판』을 전개하기 전에 로크의 단순 관념을 숙고한 것으로 보인다. 관념은 감각적인 경험으로부터 받아들일 수밖에 없으며, 정신은 사고나 추론에 있어서 오직 관념만을 직접적인 대상으로 삼고 있다는 로크의 주장에 대한 의문에서부터 칸트의 이론은 출발한다고 봐야 한다.

## 4.『인간 오성론』이 갖는 현대적 의미

우리 인간은 살아가면서 많은 의문점을 갖고 살아간다. 이런 의문점들이 남들과 다를 때 간혹 다른 사람과 논쟁을 하는 경우가 있다. 예를 들어, 어떤 사람은 신이 존재한다고 말하고, 다른 사람은 신이 존재하지 않는다고 말할 때, 누구의 말이 옳다고 할 것인가? 서로 자신의 주장이 옳다고 주장하기만 한다면, 우리는 누구의 말이 맞는지 확인하기가 어렵다. 이럴 경우 그 근거를 살펴보아야 하는데, 그 근거 역시 확인하기가 쉽지 않다. 이 근거를 확인하려면 그들이 신의 존재를 어떻게 알았는지를 따져 볼 필요가 있다. 어떻게 알았는지 따져 보는 과정에서 가장 중요한 것은 역시 언어라고 할 수 있다. 언어를 통해 우리는 생각하고 판단하기 때문이다. 즉, 우리가 생각하고 판단할 때는 반드시 언어라는 형식을 거치게 되는 것이다.

그런데 언어에는 우리가 의식하든, 의식하지 않든, 수많은 관념들이 들어 있다. 예컨대 '토마토는 빨갛다'라고 말할 때 '토마토'라는 관념과 '빨갛다'라는 관념을 사용하고 있는 것이며, '사각형은 원이 아니다'라고 말할 때 우리는 '사각형'이라는 관념과 '원'이라는 관념과 '아니다'라는 관념을 사용하고 있는 것이다. 이 관념들은 어디에서 생겨난 것일까? 정녕 신이 존재해서 그 신이 우리가 태어날 때부터 가지고 태어나도록 미리 부여해 준 것인가? 아니면 우리의 경험을 통해서 알게 되는 것인가? '토마토는 빨갛다'라고 했을 때, '토마토'라든가 '빨갛다'라는 관념은 감각을 통해 받아들일 수 있다고 하자. 그러면 '사각형은 원이 아니다'라고 했을 때, 우리는 '사각형'이라는 관념과 '원'이라는 관념을 감각을 통해 습득할 수 있는 것인가? 모든 관념들을 다 경험을 통해 받아들일 수 있는가, 아니면 어떤 관념은 경험을 통해서 받아들일 수 없는가? 우리는 관념을 통해서 어느 정도까지 지식의 사실 여부를 알 수 있는가? 이러한 물음은 인간의 인식에 관한 물음이다.

『인간 오성론』은 이러한 인식에 대한 물음을 다루는 책이다. 인식을 다룬다는 의미는, 우리가 어떤 사실을 알았을 때, 그 사실을 어떻게 알았는가에 관심을 갖는다. "어떻게 알았는가?"라는 질문은 "무엇을 알았는가?"라는 질문 못지않게 중요한 질문이다. "무엇을 알았는가?"는 내용에 대한 질문인데, 이 질문을 진정 참다운 질문으로 받아들일 수 있으려면, "어떻게 알았는가?"라는 인식의 물음에 답해야만 확인할 수 있기 때문이다. 이러한 인식의 물음은 보다 근본적인 물음이라고 하지 않을 수 없다.

이러한 의문들을 밝히려고 했던 사람이 있다. 그가 바로 존 로크이다. 존 로크는 『인간 오성론』이란 책을 쓰면서 '인간의 인식은 어디에서 출발하는가? 인간이 깨달을 수 있는 지식의 범위는 어디까지인가? 그리고 인간의 지식은 진정 확실한 것인가?'라는 질문에 답하기 시작했다. 즉, 인간 인식의 기원과 범위와 확실성을 탐구해 간 것이다. 이러한 인식론적 연구는 그 당시에 주로 논의되었던 존재론적 연구와는 다른 것이었다. 인간이 어떻게 앎을 획득하는가에 대한 논의 없이, 단지 어떤 것의 존재 근원을 말하는 것은 동의할 수 없는 것일 뿐만 아니라 비판을 허용하지 않는 독단으로 빠질 여지를 갖고 있었기 때문이다. 인식론에 대한 로크의 시도는 새로운 것이었다. 그로부터 본격적으로 인간은 이성을 사용한 앎의 문제와 깨달음의 문제에 대해 관심을 갖기 시작했다. 그로 인해 인간은 토론할 수 있는 능력과 자유를 획득할 수 있게 되었다. 그리하여 그는 인식론의 아버지라고 불리게 되었다.

그런 로크가 있었기에 우리는 오늘날 인식론이라는 철학적 영역을 갖게 되었는지도 모른다. 로크의 『인간 오성론』이라는 책이 없었다면, 우리가 자유롭게 토론하고 합리적으로 사고하며 합당하게 진리를 추구하는 것은 더뎌졌을 것이다. 『인간 오성론』은 인간의 앎을 다루는 학문이기에, 이 책을 통해 인간이 어떻게 지식을 받아들일 수 있는지에 관심을 갖기 시작했고, 그로 인해 독단과 아집과 편견에서 벗어나는 방법을 생각하게 되었다.

오늘날 많은 사람들이 다른 사람의 이야기를 듣지 않고, 오직 자기의 생각만을 다른 사람에게 강요하는 경우를 보게 된다. 타인에 대한 존중은 그 타인의 생각이나 합리성에 대한 존중이고 인정이다. 그런데 다른 사람의 생각을 멸시하고 다른 사람도 합리적일 수 있다는 사실을 거부한다면, 이것은 올바른 태도라고 할 수 없다. 로크는 이 같은 옳지 않은 태도를 경계했다. 다른 사람의 생각과 의견을 귀담아 듣고, 근거에 따른 토론을 하며, 잘못된 언어 사용을 경계하고, 명료한 지식을 추구해 가는 것이 로크의 바람이었다.

한편, 인간이 어떻게 지식을 획득하는지를 탐구해 가는 것은 토론을 제공하는 터전이 된다. 지식의 획득 방법을 알지 못한다면, 힘 있는 자가 자신이 원하는 대로 부당한 것을 행하더라도 그것에 대해 지적하고 비판할 수 있는 방법이 없을 것이다. 로크의 인식 이론을 통해서 우리는 토론을 보다 활성화할 수 있는 방법을 찾은 것이다. 또한 이론들의 개념적인 혼란을 막을 수 있게 되었다. 개념상의 혼란을 방지하고 학문들이 보다 많은 발전을 이루려면, 관념들이 어떻게 사용되는지, 언어가 어떻게 형성되는지, 명칭들이 어떻게 만들어지는지, 지식은 어떤 조건 하에서 참다운 지식으로 간주될 수 있는지를 살펴보아야 하는데, 이것은 인간의 오성을 살펴보지 않으면 안 되는 것이다. 이와 같이 인간 오성을 살펴볼 수 있게 된 것은 어디까지나 로크의 공로라고 할 수 있다.

로크는 인식론의 아버지라는 별명만 가지고 있는 것은 아니다. 그는 철학사에서 경험론의 창시자로 불린다. 왜냐하면 로크는 인간의 마음은 백지와 같아서, 경험을 통해 새로운 사실을 하나씩 알게 된다고 보았고, 이것을 경험론의 체계로 이론화시켰기 때문이다. 경험론은 이후 영국과 미국의 언어분석 이론, 공리주의, 실용주의와 같은 현대 철학에 많은 영향을 미쳤다. 로크의 이론이 오늘날의 현대 철학에 많은 영향을 미친 이유는 무엇인가? 그것은 로크의 『인간 오성론』이 상식을 벗어나지 않고자 노력했기 때문이다. 『인간 오성론』에서 로크가 말하고자 했던 것은 현실과 동떨어진 이성만을 지나치게 강조한 이성론자를 경계하는 것이요, 감각만을 인식의 전부로 생각하는 극단적인 회의론도 아니라는 것이다. 경험론자로 불리는 로크는 한편으로는 이성을, 다른 한편으로는 감각을 모두 아우르는 경험론을 펼쳐 보였으며, 현실 속에서 균형과 조화를 이루어 낸 철학자라고 볼 수 있다. 우리가 철학을 하는 이유는 우리의 삶을 알고자 하기 때문이다. 우리의 삶과 동떨어진 정신세계에만 집착하고자 하는 것도 아니고, 정신세계의 대상으로서 물질의 세계에만 집착하는 것도 아니다. 어쩌면 우리 인간 주변의 평범한 지식들을 상식적으로 받아들이는 것으로부터 우리의 철학이 출발한다고 보아야 한다. 이러한 철학적 태도를 가르쳐 준 사람이 로크이다. 로크의 『인간 오성론』은 상식의 중요성을 다시 한 번 되새기게 하는 계기가 될 것이다.

이 세상을 살아가면서 세상의 수많은 궁금한 문제들에 부딪히며 이를 해결하고, 토론과 탐구를 통해 보다 진전된 학문에

도전해 가야 할 청소년들에게, 그리고 경험을 통해 상식의 세계를 넓히고, 주어진 세계를 진리 가운데서 해석해 나가야 할 청소년들에게, 인식의 기원을 탐구하고 범위를 알아내며 확실성을 확보하고자 했던 존 로크의 『인간 오성론』은 꼭 읽어야 할 귀한 책이다.

# 존 로크 연보

| | |
|---|---|
| 1632년 (1세) | 서머싯 주 링턴에서 출생 |
| 1642년(11세) | 영국에서 내전 발발 |
| 1647년(16세) | 웨스트민스터 학교 입학 |
| 1649년(18세) | 찰스 1세의 처형 |
| 1652년(21세) | 옥스퍼드의 크라이스트처치 칼리지에 입학 |
| 1658년(27세) | 석사 학위 취득, 대학 강사 활동 시작 |
| 1660년(30세) | 로버트 보일을 만남, 왕정복고와 찰스 2세의 즉위 |
| 1661년(31세) | 시민행정관에 대한 단편적 논문들을 집필 |
| 1662년(32세) | 옥스퍼드 대학에서 수사학 강의 |
| 1664년(34세) | 『자연법에 관한 시론』 집필 |
| 1665년(35세) | 브란덴부르크 대사의 비서로 임명됨 |
| 1667년(37세) | 애슐리 경의 주치의 및 비서로 임명됨 |
| 1668년(38세) | 왕립학회 회원으로 임명 |
| 1671년(41세) | 『인간 오성론』 집필 착수 |
| 1672년(42세) | 애슐리 경이 샤프츠베리 백작의 작위를 받아 대법관에 임명됨. 로크는 담당 서기에 임명됨 |
| 1673년(43세) | 샤프츠베리 백작이 가톨릭에 반대하여 파면됨. 로크는 성직록(聖職祿) 담당 서기에서 물러남 |

| | |
|---|---|
| 1674년(44세) | 의학 학사 학위 취득 |
| 1675년(45세) | 프랑스 여행 시작(1679년에 영국으로 돌아옴) |
| 1677년(47세) | 샤프츠베리가 반국왕적 언행으로 투옥됨 |
| 1683년(53세) | 네덜란드로 망명 |
| 1684년(54세) | 왕명에 의해 크라이스트처치 칼리지에서 교수 자격 박탈됨 |
| 1688년(58세) | 명예혁명 발생 |
| 1689년(59세) | 메리 여왕을 수행하여 영국에 귀국<br>『관용에 관한 서한』, 『통치론』 출판 |
| 1690년(60세) | 『인간 오성론』 출판 |
| 1693년(63세) | 『교육에 관한 몇 가지 생각들』 출판 |
| 1696년(66세) | 무역위원회 감독관으로 임명됨 |
| 1704년(74세) | 에식스 주 하이레이버의 오츠에서 사망 |
| 1705년(75세) | 『사도 바울의 서한에 대한 주해』 출판 |